# Budismo,
## escuela de sabiduría

Bernard Baudouin

# BUDISMO, ESCUELA DE SABIDURÍA

Las enseñanzas de Buda,
su moral, su filosofía

dve
PUBLISHING

A pesar de haber puesto el máximo cuidado en la redacción de esta obra, el autor o el editor no pueden en modo alguno responsabilizarse por las informaciones (fórmulas, recetas, técnicas, etc.) vertidas en el texto. Se aconseja, en el caso de problemas específicos —a menudo únicos— de cada lector en particular, que se consulte con una persona cualificada para obtener las informaciones más completas, más exactas y lo más actualizadas posible. EDITORIAL DE VECCHI, S. A. U.

De Vecchi Ediciones participa en la plataforma digital **zonaebooks.com**
Desde su página web (www.zonaebooks.com) podrá descargarse todas las obras de nuestro catálogo disponibles en este formato.

*Diseño gráfico de la cubierta: © YES.*

*Fotografías de la cubierta: © Bartosz Hadyniak/iStockphoto y © Shutterstock.*

# Índice

# Índice

## TERCERA PARTE – LA DIFUSIÓN DE LA DOCTRINA

# Prólogo

Desde los albores de los tiempos, la fe ha estado tan arraigada en el hombre como respirar, beber o comer: una fe con millares de rostros, que responde a miles de usos, desde el más ínfimo al más elevado.

En todos los continentes y épocas, la creencia ha venido a nutrir las aspiraciones de la comunidad, a reafirmar las relaciones y a sentar las bases de un porvenir mejor y más seguro. En cualquier lugar donde la fe se ha acercado al hombre, esta ha hecho que la humanidad progrese. Ha puesto en marcha, sobre todo, la búsqueda mística que cualquier ser lleva en sí, la insaciable sed de una dimensión perdida, la espera punzante de un retorno a lo esencial y la necesidad fundamental de respuestas más allá de lo material para aceptar mejor la adversidad de la existencia.

Era inevitable que dicha fe encontrase una expresión ideal en una espiritualidad «iluminada», con tantas matizaciones como etnias, países y lenguas existen, y se plasmara en una sorprendente paleta de inconmensurables colores que mezcla rituales y secretos, dogmas y prohibiciones, rezos cantados y silencios meditativos. Y siempre, en cualquier tiempo y lugar, ha poseído el mismo rigor que reconduce al hombre a su dimensión sagrada.

# Introducción

Llevaba ya mucho tiempo viajando, cuando un día sentí la necesidad de hacer una parada. Estábamos todavía en los tiempos oscuros y lejanos. Los pueblos de todos los rincones forjaban todavía su devenir futuro, más con la fuerza que con la razón.

Había abandonado a mi maestro unos años antes y me alimentaba con avidez de todo lo que encontraba. Había aprendido mucho de la sabiduría de aquel excelso ser, pero las cosas que día a día iba descubriendo me maravillaban. Más allá de las palabras y de las grandes ideas que conservaban los ancianos, la vida era un libro abierto y cada una de sus páginas plantaba una semilla en mi alma. Por esta razón, mi maestro me había dicho que ya estaba preparado y que ahora debía recorrer el mundo. Como siempre, había comprendido que aquel era el momento.

Ha pasado ya mucho tiempo, tal vez demasiado. Los viajes me han llevado a donde los hombres han intentado, para bien o para mal, hacer de su mundo un universo de paz y prosperidad. En muchas ocasiones diferentes he atravesado tanto el tiempo como los océanos, he escalado montañas, he escuchado la furia de los elementos, he descubierto pueblos y civilizaciones, y me he visto invadido por el fervor y la renuncia. Pero sólo me ha guiado una idea concreta, una frase que mi maestro pronunció hace ya mucho tiempo y que martilleaba mi memoria: «Vencedor o vencido, buscador o vagabundo, guerrero o penitente, sabio o renegado, el hombre es un ser de luz, porque lleva en sí la huella de los dioses. Por ello no deja de creer y de esperar. Allá donde vaya, haga lo que haga, escúchalo, míralo, ofrécele tu calor y tu consejo; de ese modo crecerás».

Hoy me toca a mí guiarles. Marchen a mi paso, coloquen la mano sobre mi brazo. Escuchen y miren. El tiempo se diluye; tan sólo cuenta lo esencial.

# PRIMERA PARTE

# DEFINICIÓN

# El contexto histórico

*Para los hindúes, cualquier acción es un rito, cualquier arte es símbolo de ideas religiosas, cualquier culto es expresión de la vida, y toda la vida es un aspecto de lo Eterno.*[1]

De acuerdo, ya podemos abrir los ojos: la magia del viaje ha vuelto a funcionar. En un soplo se ha abierto un paréntesis que nos lleva unos cuantos siglos atrás, hasta un escenario que parecía fosilizado, pero que de golpe se anima para revelar toda su vitalidad.

Bienvenidos a las lejanas tierras de la India secular. Nos encontramos en el año 556 antes de la llegada de aquel que iba a ser llamado Jesucristo. La inmensa llanura que se extiende delante de nosotros, hasta donde no alcanza la vista, no es otra que la cuenca del río Ganges. En este punto,

---

1. PERCIVAL SPEAR: *L'Inde classique*, Time-Life, 1981.

las aguas del Djumna confluyen en el gran río que poco a poco se va desviando hacia oriente, antes de bañar Benarés y Patna.

Al este se extiende el Vidêha con su capital, Vaisali;[2] al norte se encuentra el reino de Kosala,[3] y al sur, el país de Magadha.[4] El reino de Sakya, sobre el que se concentra nuestro interés, no es un principado de Kosala, sino sólo una gran extensión de terreno, con su señores, sus haciendas y sus factorías.

Allí, no muy lejos del Nepal, al este del río Sadânirâ, que se abre camino hacia los escarpados contrafuertes del Himalaya, nacerá el budismo. Pero de eso hablaremos más tarde. Por el momento, vamos a ocuparnos de cómo era entonces la vida en la civilización india.

Descubrir la India ancestral significa encontrarse frente a una evidencia: no se trata, como sucedió en otros lugares, de una civilización que se ha desarrollado de manera lenta y paciente a lo largo de los años y que a partir de la nada ha evolucionado por sí misma, sin influencias externas, sino de todo lo contrario, dada la gran diversidad de etnias y de regiones que la forman. La India del siglo VI a. de C. suma la riqueza de sucesivas in-

---

2. Actualmente, Bädar, en el distrito de Muzaffarpur.
3. Actualmente, el Audh.
4. La actual Behar.

18

fluencias, que antiguamente estaban unidas en lo que podría definirse como un «tronco común» antes de confluir en una fusión global de múltiples aportaciones. Precisamente en ello, en contra de lo que podría esperarse, reside la mayor fuerza de la India: el extraer de esa amalgama, muy compleja en su origen, no un conjunto de grupos hostiles o una comunidad de múltiples aspectos y con una inercia comprensible, sino una auténtica sociedad homogénea, dotada de unas estructuras sociales, políticas y artísticas coherentes.

Las razones que llevan a este éxito —que, desde el 556 a. de C., perdura ya casi tres mil años— son muy sencillas: la capacidad de los hindúes para combinar con sabiduría el culto, el rito y la religión. El secreto reside en encontrar en lo más profundo de cada cual una fe idéntica, aunque a veces contenga sutiles matices, según los cuales existe en el seno de cada cosa un mismo espíritu, al cual cada uno debe rendir adoración durante el culto.

Para comprender cuál va a ser en poco tiempo el impacto del budismo en una sociedad de ese tipo, es necesario detenerse un poco para contemplar esta India milenaria, porque nada explica mejor la emergencia de un fenómeno que el lugar en el que dio los primeros frutos.

¿Qué podemos ver si volvemos atrás en el tiempo? La India era una tierra muy fértil en costumbres y tradiciones. Desde los orígenes de su historia, en el largo paso de una época a otra que ha contribuido a su estructuración, siempre ha estado constelada y enriquecida por creencias y ritos, necesarios para el hombre, a partir de los cuales se ha ido perfilando una organización social muy particular.

Debemos retroceder hasta el siglo XVII a. de C. para llegar a las migraciones de los arios desde Irán y su expansión por el Punjab. En los siglos siguientes, con una lógica implacable, la «invasión» continuó por toda la cuenca del Indo, después llegó al Ganges y, finalmente, al norte del Deccan.

Entre los siglos XV y X a. de C. ven la luz los más bellos versos de los poemas védicos. Los *Veda*,[5] escritos en sánscrito,[6] evocan las épocas de

---

5. «El *Veda* ("saber") se compone de cuatro *sâmitha* ("antologías"). El primero, el *Rig-veda*, es sin duda el más antiguo —porque sus himnos sólo hacen alusión a las regiones del Punjab, el primer territorio ocupado por los arios— y contiene 1.028 himnos y cantos sacrificiales, divididos en diez libros. El segundo, el *Sâma-veda*, contiene sólo 585 estrofas, destinadas a servir de notación musical a las diferentes melodías litúrgicas. El tercero, el *Yajur-veda*, ofrece las fórmulas necesarias para los diferentes sacrificios —sacrificios con las manos y con el fuego, de luna nueva y de luna llena, etcétera—. El cuarto, el *Atharta-veda* —llamado así por los *athavaran*, sacerdotes dedicados al culto del fuego—, corresponde a los exorcismos y encantos mágicos». HENRI ARVON: *Le ouddhisme*, col. «Que sais-je?», PUF.
6. Lengua indoeuropea emparentada con el iraní.

los arios: desde entonces, pasan a formar parte de la literatura sagrada de la India.

La religión védica deja su huella en toda la sociedad. Dada la importancia preponderante atribuida a los sacrificios, la religión subraya en cada circunstancia las estrechas relaciones de los hombres con las divinidades: los dones que se ofrecen a los dioses garantizan a cada uno de los individuos la protección divina, hasta el punto de que el destino de las personas, así como el del universo en su totalidad, acaba dependiendo de los ritos sacrificiales.

Con el sacrificio elevado al rango de ley fundamental que gobierna el cosmos, aparece la noción del ser primordial. Según la leyenda, los dioses sometieron al hombre a una gran cantidad de pruebas que acabaron por reducirlo a trozos; de esta manera vienen al mundo seres diferentes entre sí. Por la fuerza de su impacto, y por la renuncia que representa, el sacrificio tiene la función de reunir a los seres separados y reconducirlos a la unidad primitiva en la que se reunificará el ser primordial.

Esta dinámica sacrificial adquiere tal importancia en la antigua India que un grupo humano se vio proyectado de manera natural al primer plano de la escena pública: los sacerdotes o brahmanes, encargados de ordenar los sacrificios. De su supremacía sacerdotal —y del inconfesado deseo de defender sus privilegios—, así como de la voluntad de salvaguardar la pureza de la sangre aria, nacerá el régimen de castas. Existen cuatro castas: las tres primeras comprenden a los arios, y la cuarta, a los aborígenes.

1. Los brahmanes (sacerdotes).
2. Los *kshattryia* (guerreros).
3. Los *vaisya* (artesanos, campesinos y comerciantes).
4. Los *sudra* (sirvientes).[7]

Esta nueva definición de la sociedad de la India llevará poco a poco a un cambio del papel de la religión. En su origen, el sacrificio tenía la función de ser una ofrenda a los dioses, y las numerosas acciones de gracia y los rezos reforzaban su impacto. Con el tiempo, la base del sacrificio superó el estadio religioso para asumir una dimensión metafísica: más allá del auténtico sacrificio se encuentra la fórmula ritual, el *Brâhman*, que enseguida se hace primordial y permite acceder a la ciencia perfecta. De este modo, es la casta de los brahmanes la que custodia celosamente los secretos. De lo anterior de-

---

7. Henri Arvon: *op. cit.*

riva una auténtica toma de poder de estos últimos, que no sólo les confiere el monopolio religioso, sino también, y sobre todo, la supremacía social y política sobre el resto de las castas.

A lo largo de muchas centurias, tanto los *Brâhmana*[8] como los *Upanishad*,[9] compuestos entre los siglos IX y VIII a. de C., se afirmaron como los sedimentos esenciales del pensamiento brahmánico. Junto a los cuatro *Veda*, formaban la *Sruti*.[10]

Otra corriente, menos oficial y cada vez más aceptada por el pueblo, marca el paso entre la época védica y la de los brahmanes: es la era del ascetismo.

Los ascetas han estado presentes en la India secular desde siempre; vivían recluidos en el campo, donde aleccionaban a sus discípulos. Las creencias populares suponen que el ascetismo favorece la inteligencia y la comprensión de la verdadera salvación, y que las mortificaciones dan fuerzas casi milagrosas. Ello confiere al asceta un poder «extraordinario», que lo capacita para competir, según su deseo, con las potencias terrestres y celestes.

---

8. *Brâhmana*: especulaciones sacrificiales.
9. *Upanishad*: enseñanzas y desarrollos metafísicos recibidos por un gurú.
10. *Sruti*: aquello que se ha oído.

## LOS FUNDAMENTOS RELIGIOSOS
## DEL BRAHMANISMO

Conforme la India pasaba de la religión védica al brahmanismo, fueron apareciendo dos ideas principales sobre las cuales se concentran la atención y las prácticas de toda la población: el *âtman* y el *brâhman*.

El âtman,[11] como lo define Maurice Percheron en una excelente obra,[12] es «aquello que, más allá de cada existencia, subsiste en el individuo; es decir, lo que está asociado al espíritu, principio de vida y de conocimiento, y que constituye la sustancia espiritual no sólo del hombre, sino de todas las cosas. El âtman representa la unidad que se eleva tras una diversidad y dualidad aparentes».

Más allá de los hechos y del tiempo que transcurre, el âtman es la continuidad, el signo de lo absoluto que reúne en un mismo espacio lo interior y lo exterior, aquello que se es y aquello que se ve, lo que se piensa y lo que se hace; es el Uno que incluye todo cuanto existe. «Esta es la verdad: al igual que de un fuego que arde se desprenden millares de destellos parecidos a él, del

---

11. *Atman: At man* («este yo»).
12. MAURICE PERCHERON: *Le Bouddha et le bouddhisme*, Éditions du Seuil, 1956.

mismo modo nacen del ser inmutable tantas especies de seres que vuelven a él».[13] «Este es él, el âtman, que no puede fijarse ni por un lado ni por otro; es inasible, porque no se puede sujetar; es indestructible, porque no se puede destruir; es insostenible, porque nada depende de él; no está relacionado con nada; es inquebrantable, nada puede dañarlo».[14]

El âtman une a cada uno de los individuos con lo universal, en una comunión del alma con todos los seres y cosas.

Por su parte, en un principio el brâhman es la potencia que el hombre descubre en cada fenómeno insólito o inexplicable. Influir en el papel de dichas potencias es la función de los sacrificios, de tal manera que poco a poco esta noción se identificará con la fórmula de los encantamientos, con la plegaria. A continuación, superada otra etapa, se asimilará al principio global del universo. «En verdad, el principio del que nacen los seres, del cual viven una vez nacidos y donde vuelven a entrar cuando mueren, debes tratar de conocerlo: es el brâhman».[15]

---

13. *Upanishad.*
14. *Ibíd.*
15. *Ibíd.*

«El alma de las criaturas es una, pero está presente en cada una de ellas: unidad y pluralidad juntas, como la luna que se refleja en el agua».[16]

Considerado como una fuerza cósmica, el brâhman se convierte en la palabra sagrada, que ya no se contenta con servir a los dioses mediante el sacrificio, sino que asume el grado de principio metafísico del Ser. La finalidad fundamental es la de hacer pasar el âtman del sacrificador al brâhman: es la puerta abierta al reconocimiento del dios universal, de un único soplo divino del que todas las divinidades adoradas hasta ese momento serán sólo representaciones.

La mística brahmánica se nutre de estas dos concepciones: el Ser adquiere un significado espiritual, mientras que el alma universal vive en todas las cosas. Dicha visión emerge en la antigua India en una espiritualidad de cada instante, por la que los seres y los objetos están dotados de un valor universal.

Sin embargo, mediante una observación más atenta, el âtman-brâhman parece una definición fría y teórica de la espiritualidad; por lo tanto, se encontraba reservada en la India de aquella época a una elite intelectual, que incluso era sos-

---

16. *Ibíd.*

pechosa de favorecer sus intereses, hasta que el concepto llegó a parecer una pura especulación de casta.

Con los *Upanishad*,[17] textos nacidos de interminables discusiones técnicas entre brahmanes, se superará una nueva etapa. Al distanciarse de la importancia del papel de los sacrificios, aunque sin optar todavía por suprimirlos de la religión, se ve emerger lentamente una nueva noción de la relación entre el âtman y la transmigración: la salvación individual. Este factor adquirirá enseguida una considerable importancia bajo el nombre de *Karman*.[18]

De generación en generación van apareciendo nuevas ideas por parte de los ascetas como resultado de sus interminables meditaciones, especialmente sobre el tema de la muerte y el posible final del hombre. Se hace casi evidente que subsiste algo cuando el cuerpo del ser humano cesa de funcionar; esto tiene muchos puntos en común con una fuerza vital, primordial e indestructible, que ciertamente parece atenuarse, pero que está llamada a expresarse mediante otra forma.

---

17. *Upanishad:* literalmente, las «comunicaciones confidenciales».
18. *Karman:* etimológicamente, «acto» y, por extensión, «conjunto de actos».

De este modo, poco a poco, se propaga en lo profundo de la India la noción de la transmigración, que responde a la innata necesidad de cada persona de creer en la continuidad de la vida, pero también codifica la naturaleza de una existencia que relaciona los aspectos positivos o negativos con una sanción por parte del porvenir. Al superar la noción ancestral de herencia colectiva de cada ser humano, se considera ahora que el alma es una individualidad de una parte entera que vive una sucesión de existencias y cuya cualidad depende de sus actos. El Karman es lo que une estas diferentes vidas.

Al migrar de una existencia a otra, el núcleo de energía —impalpable e indestructible— reviste cada vez una nueva forma física, de la misma manera que se cambia un traje cuando está demasiado viejo. Las condiciones de la existencia del nuevo cuerpo están relacionadas directamente con los actos, palabras y pensamientos de las anteriores encarnaciones. Todo esto equivale a un sistema, si queremos imparcial, de remuneración de los méritos y de castigo de las culpas, que toma el aspecto de una verdadera doctrina de la reencarnación: el *samsâra*.

En esta denominación se encuentra la noción de flujo universal y circular, que se refleja directamente en el incesante ciclo de muertes y nacimientos. En este flujo sin principio ni fin, el ser vivo renace, según la cualidad de los actos realizados durante una vida dada, en una condición más o menos feliz en el curso de sus sucesivas vidas. Puede renacer como dios, hombre, animal o espíritu maléfico, o incluso en los terroríficos infiernos. Pero la duración de la vida en todos estos estados, aunque varía mucho, siempre es limitada, y tarde o temprano cada uno de los seres muere para renacer después en otras circunstancias.[19]

Pero, como es sabido, el hombre no es capaz de contentarse con lo que tiene y siempre quiere más. La fantástica apertura que representa la aceptación de la inmortalidad del núcleo energético, del alma, de los sucesivos renacimientos, de este eterno volver a comenzar según los méritos de cada uno, se encontrará al final frente a una importante objeción: ¿el destino del ser humano debe estar eternamente encadenado a la consecuencia de sus actos? ¿No existe para el individuo nada más allá de la reencarnación? ¿Será posible no reencarnarse más, alcanzar en definitiva un estado en el que los actos ya no tengan importancia porque lo esencial está finalmente en lo

---

19. Denis Gira: *Comprendre le bouddhisme*, Éditions du Centurion, 1989.

inmaterial? ¿No existe un nivel superior a la reencarnación que al final lleve a la paz, a la liberación definitiva?

La respuesta se encontró enseguida: la liberación está en la función del âtman y el brâhman. «Quien conquista el âtman se hace insensible al placer y al dolor, indiferente a todo: supera las penas del corazón. Para él ya no existen ni padre ni madre, ni dios ni veda, ni vida ni muerte. Es ya capaz de decir la palabra justa: *Ta tvam así* ("tú lo sabes")».

El medio más seguro para alcanzar tal fusión lo proporcionarán los ascetas. Los yoguis instauran diferentes métodos, al unir con rigor la meditación y la mortificación, para acabar con el ciclo de los renacimientos. El objetivo de este camino iniciático es llegar al dominio de uno mismo, la única vía que lleva al conocimiento, una meta para la persona que quiera estar en condiciones de recibir la extrema revelación y, en definitiva, aquello que le autoriza a fundirse en el universo.

Porque esa es la finalidad, la gracia prometida a cada uno de los seres. «Si cada existencia sucesiva depende de los actos que se realizan en las anteriores, la única manera de salir del ciclo de las transmigraciones es evitar cualquier acción que pueda producir un fruto bueno o malo.

De este modo, en algunas vidas, el fruto del karma que viene de las vidas anteriores puede agotarse, mientras que no se puede crear ningún fruto nuevo. Al eliminar todo el karma mediante la ascesis, los ascetas esperan eludir, por así decirlo, el impulso fatal y sustraerse a la prisión del samsâra, el mundo de nacimientos y de muertes sin fin».[20]

Llegados a los umbrales del siglo VI a. de C., el que nos interesa, ¿qué observamos? Después de casi un milenio, aquello que constituía la fuerza de este formidable país se ha debilitado poco a poco y ha lanzado a la India religiosa a una especie de letargo que los especialistas no dudarán en considerar, en tiempos futuros, como una esclerosis que lleva en sí el germen de una inevitable renovación.

Ciertamente, el brahmanismo extiende sin reservas su influencia por el país, pero por todas partes empiezan a surgir reacciones frente a una hegemonía que presenta todos los aspectos de la omnipotencia. Se multiplican los ejemplos que hacen evidentes, en muchas ocasiones, la brecha que se ha abierto entre los brahmanes y sus misiones altamente espirituales, tentados para apro-

20. DENIS GIRA: *op. cit.*

vecharse materialmente de su posición de privilegio.

En este momento se dan todas las condiciones para la entrada en escena de Siddhartha Gautama, aquel al que las generaciones futuras llamarían el Buda.[21]

---

21. Buda: «El Despierto, el Iluminado».

# Los orígenes del budismo

El escenario está preparado. Para nuestros insaciables ojos de viajeros del tiempo, la India ofrece un variado fresco de esplendores y de ambientes, de etnias y de pequeños o grandes poderes. Las multitudes de la India ya existían en tiempos lejanos.

De esta manera se saborea mejor el fascinante poder que permite sumergirse en el pasado de la humanidad. En nuestro caso se encuentra en juego el devenir de decenas, de centenares de millones de seres humanos, que se presentará «sellado» durante siglos en las bases de esta religión.

Para comprender este fenómeno no basta con echar un simple vistazo a este pasado, tan cargado de significados que en muchos puntos ha llegado a convertirse en leyenda. Nos dejaremos guiar en este camino por un peregrino que, más allá de lo anecdótico, conduce a una renuncia tan cercana a lo esencial que millones de almas lo han deificado.

Dejemos, pues, que el tiempo corra sin que nos imponga más sus barreras y que venga con nosotros aquel que desde que estaba vivo y durante muchas generaciones futuras encarna el despertar.

## Un nacimiento privilegiado

Estamos entre los años 560 y 556 a. de C.,[22] en una ciudad del reino de Kosala llamada Kapilavastu. Mucho más tarde, a esta región montañosa del Himalaya se la conocerá como Nepal.

En una familia aristocrática aparentemente perteneciente al clan de los Sakya[23] nace el joven Siddhartha,[24] cuyo patronímico es Gautama. Su padre es el rey Suddhodana y su madre, la reina Mâyâ. De su origen noble provendrá uno de los sobrenombres más conocidos de Siddhartha: Sakyamuni.[25]

---

22. Los historiadores no están de acuerdo en la fecha exacta.
23. Casta de los guerreros y de los príncipes.
24. Siddhartha: «Aquel que cumple».
25. Sakyamuni: «El asceta del clan Sakya».

Su madre murió poco después de que él naciese. La hermana de esta, Mahâ-Prajâpatî, tomó a su cargo al niño antes de convertirse en la nueva mujer de su padre.

En los siguientes años, el rey toma todo tipo de medidas para evitar que al joven príncipe le afecten las realidades de los sufrimientos humanos de la época. Entre los muros del palacio real, el niño crece dentro de una nobleza rica y celosa de sus privilegios. Recibe instrucción, y brilla en el estudio de las ciencias y de las lenguas, ya que está dotado de una inteligencia que suscita la admiración de sus maestros; demuestra tener una gran destreza con el arco, en la esgrima y en la equitación.

Todo parece predestinar al joven Siddhartha al lujo principesco de una existencia ociosa, hecha de riquezas y de privilegios. Parecía conquistado por los placeres terrenales cuando, aconsejado por su padre, acepta casarse con la bella Gopa Yasodhara.

Es entonces cuando, destinado a las mayores responsabilidades del principado y a la sucesión del trono, Siddhartha Gautama traspasa los muros del palacio y va a la ciudad. En los caminos de Kapilavastu, descubre mediante cuatro encuentros una realidad más fría y dura de la que hasta ese momento se le había descrito: se trata de una revelación. El primer encuentro tiene lugar al visitar en carro los jardines reales: allí se encuentra con un anciano de más de ochenta años, con el cuerpo cansado y deformado, y en este lugar se desencadenan un sinfín de preguntas. Al no haberse encontrado nunca ante un espectáculo de este tipo, Siddhartha aprende estupefacto, gracias a su cochero, que la vejez es el destino de todos los hombres. Poco después, un hombre al que le habían mordido en la ingle y estaba enfermo de peste negra, devorado por el dolor y por una muerte segura, sacude la tranquilidad de su ocioso intelecto. Una vez más el cochero le enseña la realidad del sufrimiento y de la enfermedad, del carácter efímero que tiene la salud. Siddhartha siente una gran tristeza.

Otro día se cruza con un cortejo de plañideras que acompañan a un muerto a la hoguera y descubre el dolor de quienes pierden a un ser amado.

La comprensión repentina del joven príncipe de que la vejez destruye la juventud, de que la enfermedad puede suplantar la salud y de que la muerte pone fin a la vida, supone un cambio importante: todo aquello no tiene nada que ver con lo que le han enseñado.

El cuarto encuentro le ofrecerá las respuestas a las preguntas que se plantea y le servirá de estímulo para su futura existencia. Se trata de un re-

ligioso mendicante,[26] pobre pero digno, sereno a
pesar de su condición, que no teme a la muerte y
es dueño de sí mismo. Impresionado por la paz
interior y la serenidad que emanan de aquel hombre, Siddhartha comprende al instante que allí se
encuentra el camino, su camino. Y no tendrá des-
canso hasta que no alcance aquel estado de liberación de las contingencias físicas y materiales.

A la vuelta de esta última salida, al príncipe se
le informa de que su mujer le ha dado un hijo
cuyo nombre es Râhula.[27] De manera paradójica,
este feliz evento le convence de la urgencia de su
elección; para él ha llegado el momento de partir.

La noche siguiente, Siddhartha Gautama se
aleja de su mujer dormida y de su hijo. Abandona
furtivamente el palacio de su padre para siempre,
y renuncia a la corona, a sus privilegios, honores
y gloria. Tiene veintinueve años.


EL ALBA DE UNA NUEVA VIDA

Al decidir alejarse de su morada, no ver más a
su familia, partir de la región que lo ha visto

---

26. Un *bhikshu*.
27. Siddhartha habría dicho: «Râhula ha nacido, mis hierros
están forjados».

nacer y renunciar a los placeres de este mundo, Siddhartha jura encontrar la salvación mediante la ascesis.

En la época en que nos encontramos —en el siglo VI a. de C.— esta decisión no es en absoluto original, sino que se adecua a las tradiciones hindúes.

Firmemente decidido, Siddhartha penetra en el bosque más cercano. Sus primeros actos de hombre liberado son simbólicos: se quita las ropas principescas, se corta el cabello y se afeita la barba. Comienza así una vida errante.

Debe insistirse en que, en aquellos tiempos, una elección de este tipo no tenía nada de espectacular. En las condiciones religiosas y sociales de la época no resultaba raro ver a un aristócrata abandonar su morada y renunciar a sus bienes para ir en busca de la verdad, seguido por sus discípulos.

Por todas las calles de este inmenso país se cruzaban mendicantes y místicos. No existía bosque ni montaña que no alojase a algún asceta que practicase fervientes meditaciones y mortificaciones.

Sin embargo, esto no significaban que los ascetas hubiesen encontrado la respuesta a las preguntas fundamentales que todos se hacían acerca del ser humano y su destino.

## EL CAMINO DE LA SABIDURÍA

En los años que siguen a la ruptura con su trayectoria humana, Siddhartha Gautama constata en numerosas ocasiones lo largo y difícil que es el camino de la verdadera ascesis y, sobre todo, que la renuncia no puede ser sólo para él la garantía de éxito y de consuelo. En un principio se acerca a un ascetismo riguroso, como el de los eremitas de la secta Udraka Râmaputra, cercana a la ciudad de Rajagarha: aprende a no moverse, a controlar la respiración, a canalizar o reprimir los pensamientos; se consagra a la práctica de interminables ayunos.

Posteriormente prosigue su evolución con el yogui Alara-Kalaya de la secta Sankhya y en ese momento aparecen las primeras dudas en su mente. Comprende que las mortificaciones y las laceraciones, bajo la apariencia de una renuncia y una abnegación, no son de hecho más que instrumentos de la vanidad: el dolor del cuerpo y el dominio de los sentidos no conducen de ninguna manera a la virtud.

Siddhartha se convence todavía más de ello al frecuentar a los sacerdotes que le enseñan la búsqueda del âtman-brâhman. En contacto con ellos, su necesidad de saber y de comprender no halla respuestas satisfactorias: se trata sólo de creencias complicadas y herméticas, fórmulas retorcidas y preconcebidas, frialdad reservada, poco sensible a la realidad del devenir de los hombres. Después de reprocharles esta asombrosa falta de compasión por sus semejantes, no tardará mucho en abandonarlos.

## UNA BÚSQUEDA INTERIOR

Con esta última ruptura, Siddhartha da un nuevo paso en su búsqueda de lo absoluto: de repente se da cuenta de que no le sirve de nada buscar las respuestas o las soluciones fuera de sí mismo. Intuye entonces una idea que por fin le abre las puertas de la realidad: no es en los demás, sino en la propia interioridad, donde el hombre puede encontrar la verdad.

Se ha superado otra etapa y Siddhartha cambia una vez más de región. Junto con los cinco discípulos que ha encontrado por el camino llega al distrito de Urubilva, y se retira a la provincia de Behar meridional, no lejos de la ciudad de Gayâ. Durante los siguientes seis años pasa la mayor parte del tiempo en el templo, meditando cerca de la orilla de un río, afinando su espíritu y tratando de seguir superando poco a poco todas las ataduras del cuerpo.

Pero el respeto a las más puras reglas ascéticas lo lleva a un peligroso debilitamiento físico. Ahí se encuentra el problema, porque él no busca la perfección, sino el conocimiento, y para este propósito no le sirve mortificar el cuerpo. Siddhartha vuelve a una existencia más normal. Con un sudario encontrado en una tumba se hace una túnica y una faja, después va cada día al pueblo más cercano para mendigar comida y, poco a poco, va recuperando sus fuerzas.

## La revelación

Un día, Siddhartha Gautama siente que el momento de la revelación está a punto de llegar y toma el camino de Gayâ. Al llegar la noche se detiene debajo de una higuera y, al instante, sabe que ha llegado al lugar que debía. No se desvía de la contemplación de la higuera más que para aceptar ocho brazadas de heno verde que un segador, enmudecido por la sorpresa, le tiende. Después de haber girado ocho veces en torno al árbol saludado, se coloca hacia Occidente, dispone el montón de heno a modo de asiento y se sienta con las piernas cruzadas en la posición del loto. «Debería secarse mi piel, debería marchitarse mi mano, deberían disolverse mis ojos, yo no me moveré de este asiento hasta que no haya logrado penetrar en la ciencia». Con la lengua pegada al paladar, una mano que tocaba el suelo para ponerlo por testigo y quedar impregnado de los efluvios telúricos, Gautama «fijaba, exprimía, torturaba fuertemente su pensamiento».

Durante la primera vigilia supo todo aquello que había sucedido en sus vidas anteriores. A lo largo de la segunda se le reveló el estado actual del mundo. Y antes de que el alba pusiese fin a la tercera, había llegado a comprender la concatenación de las causas y los efectos. Habían estallado dos verdades: «¡Qué miserable es este mundo! Un mundo que envejece y muere, y después renace para envejecer y morir de nuevo. Hasta el infinito... Pero ¿la causa de esta vejez y de esta muerte no es el nacimiento y el deseo del nacimiento?». Y de este modo, pregunta a pregunta, llegó hasta la ignorancia, que es la causa última de todos los males. Al final resplandeció el último pensamiento: «Matando el deseo que lleva de un nacimiento a otro se impedirán nuevos nacimientos, nuevos dolores. No existe otro medio para matar este deseo que llevar una vida pura».[28]

---

28. Maurice Percheron: *op. cit.*

Es la iluminación. En el futuro florecerán leyendas de todo tipo para describir y definir estos instantes de revelación.

Se presentará a un Siddhartha que durante semanas, siempre sentado bajo la higuera, lucha contra los dioses de la muerte y de los infiernos, y sufre ataques cada vez más dañinos, pero que no llegan a afectar su entereza y su serenidad. Una sola cosa es cierta, que ahora sabe y comprende el sentido de la vida humana: «Así, una vez que mi espíritu está concentrado, purificado, pelado, me pongo a meditar sobre esta alternancia de desaparición y renacimiento de los seres. En esta visión divina, purificada, sobrehumana veo a los seres expirar y renacer, ya sean estos de condición modesta o elevada, de buen o mal color, con vida feliz o miserable, según su karma».[29]

Dicha concepción nace de una certeza: el mal viene del nacimiento del hombre y de él se originan todos los problemas. Por lo tanto, no tener que renacer más es el objetivo que debe alcanzarse. Pero la ley del karma no tiene piedad: exige que el alma se reencarne hasta que haya expiado todas las culpas cometidas con anterioridad.

---

29. Karma: ley universal según la cual cualquier acto de voluntad, bueno o malo, recibe su recompensa o castigo, en esta vida o durante nuevas reencarnaciones del alma.

Por lo tanto, el objetivo de cualquier hombre es muy simple: mostrarse lo suficientemente recto y bueno en el curso de la vida, cercano a los pensamientos espirituales más etéreos, y esforzarse por hacer el bien para no sembrar nuevas «deudas kármicas». En una palabra, superar la individualidad y los deseos egoístas para fundirse con el infinito. De este modo, al final de esta encarnación, o como mucho de la próxima, no quedará ya nada que «rescatar» y se superará la necesidad de renacer. Ello lleva a decir que la paz no resulta accesible si no es en la fresca quietud del deseo anonadado, en el nirvana.

DEL DESPERTAR A LA VOCACIÓN DE TRANSMITIR

De *Bodhisattva*,[30] Siddhartha Gautama se ha convertido en el *Buddha*.[31] Durante siete días permanece inmóvil, degustando la alegría de la liberación. Pero enseguida cae otra vez en la incertidumbre: él no puede guardar para sí lo que ha conquistado; le asalta una formidable compasión por todo lo que vive. Ya ha alcanzado la revelación que tanto esperaba, pero esto lo sume en

---

30. Bodhisattva: «Aspirante a la dignidad».
31. Buddha: «El Iluminado».

una profunda perplejidad. ¿Cómo anunciar al mundo esta verdad, tan difícil de ver y comprender, que supera cualquier pensamiento y que sólo el sabio puede aferrar? «¿De qué sirve revelar al mundo lo que he comprendido tras penosas luchas? La verdad permanece escondida a quien está colmado de deseos y de odio, pues es algo que cuesta mucho conseguir. Llena de misterio, profunda y oculta a las mentes toscas, no puede verla quien tenga deseos terrenales, ya que le rodea el espíritu de tinieblas». Después de muchas dudas, Buda orienta su elección sobre los cinco discípulos que lo han seguido durante una parte de su larga búsqueda, a fin de que sean los primeros en oír la Palabra. Sabe que los encontrará en Benarés y se pone en camino hacia aquella ciudad. Allí, al reunirse con sus compañeros de meditación, pronuncia el célebre «sermón de Benarés»:

Oh, monjes, aprended que toda existencia no es más que dolor: el nacimiento es dolor, el envejecimiento es dolor. Todo como la muerte, como la unión con quien no se ama, como la separación de quien se ama o la imposibilidad de satisfacer su deseo.

En el origen de este dolor universal está la sed de existir, la sed de placeres que ponen a prueba los cinco sentidos exteriores y el sentido interior, y también la sed de morir.

¿Cuál es, oh, monjes, el camino del Centro que el Tathâgata ha descubierto, que abre los ojos de la mente, que conduce al reposo, a la ciencia, a la iluminación, al nirvana? Aprended ante todo que está entre el ascetismo y la vida mundana. Sabed después que se trata de un camino con ocho ramificaciones que se denominan: fe pura, resolución pura, hablar puro, actuar puro, vida pura, compromiso puro, memoria pura, meditación pura.

He aquí, oh, monjes, la verdad sobre el dolor.

He aquí, oh, monjes, la verdad sobre la supresión del dolor.

He aquí, oh, monjes, la santa verdad sobre el camino que lleva a la supresión del dolor, un camino sereno y libre.

He aquí, oh, monjes, la santa verdad sobre las ocho actividades puras no manchadas del deseo de lo deseable ni del miedo de lo temible.

Después, con la ayuda de un sencillo dibujo trazado en el suelo con la punta de su bastón, Buda reveló a su auditorio el funcionamiento de la rueda de la vida: «La rueda contiene el cielo de los dioses, los hombres, los animales y los seres infernales. Es la llama que anima todo cuerpo vivo, antes de fijarse en el centro por toda la eternidad: va de un círculo a otro según sus acciones. Recordad bien esto: no os rebeléis contra vuestra condición actual, porque esta es una sanción del pasado. Esta que os enseño es la ley del karma».

Estas pocas palabras, reproducidas con fervor por la tradición hindú, constituyen el mayor hito de la enseñanza que Buda llevará a cabo en persona durante casi cuarenta y cinco años.

Durante estos años viajó mucho, sobre todo por el noreste de la India,[32] acompañado por un grupo de discípulos que cada día era más numeroso. El grupo no paraba para reposar, excepto en las estaciones de los monzones, cuando las lluvias torrenciales no permitían llevar la palabra santa en las mejores condiciones, dado que habitualmente se predicaba al aire libre.

## EL «SALVADOR DE LOS HOMBRES»

No es un asceta como tantos otros aquel al que van a escuchar para rezar, al que quieren acercarse a toda costa, sino el Salvador de los hombres, cuya fama lo precede de pueblo en pueblo. Su aura se extiende de manera gradual, y supera valles y montañas. Recibe una serie de sobrenombres, cada vez más evocadores, entre ellos *Arahat* (el Digno), *Tathâgata* (el Auténticamente venido), *Saccamâna* (Aquel cuyo nombre es verdad), *Bhagavat* (el Beato) y *Anomâ* (el Insondable).

---

32. Nepal, Behar, Audh.

Buda no se dirige tanto al pueblo en su gran diversidad como a las elites intelectuales y religiosas. Sabe perfectamente que el pueblo está todavía estancado en creencias milenarias de otros tiempos, en las que se mezclan indistintamente representaciones de múltiples dioses, así como la superstición o la magia más sencillas. Además, la influencia de los brahmanes ha acabado desde hace demasiado tiempo con la libertad de pensamiento de la gente humilde. Por lo tanto, en una primera fase, la Palabra debe pasar a través de los que poseen el saber.

Hasta la bella edad de noventa años, aquel al que ya nadie llamaba Siddhartha Gautama siguió haciéndose grande. Y cuando dejó de vivir, sus discípulos se contaban por millares. Después de haberse aislado y tumbado sobre su lado derecho, recordó a sus más fieles discípulos los puntos esenciales de la Ley y pronunció sus últimas palabras, en las que subrayó una vez más el fundamento de la no existencia y la indispensable búsqueda de la liberación definitiva: «Ved el cuerpo del Tathâgata: todo lo que está compuesto está destinado a la destrucción... Perseguid vuestro fin en la sobriedad». En los días y semanas siguientes, el país está a punto de caer en el caos, tan violentos son los enfrentamientos para saber quién heredará las reliquias del santo hombre. Finalmente, siguiendo el consejo de un brahmán, estas se dividirán en ocho partes y se repartirán por diferentes provincias: «Siete estupas de cuarenta codos se erigirán por siete reyes para recoger las reliquias. Y la octava parte de las cenizas se confiará a las serpientes Naga de las siete cabezas, en el corazón del bosque».

# La enseñanza de Buda

*Lo que no tiene raíz no puede ser desenraizado.*
*Donde no hay movimiento reina el reposo.*
*Donde reina el reposo no existe placer.*
*Donde no existe placer, ni ir ni venir...*
*Allí, ninguna muerte, ningún nacimiento...*
*Ni en este ni en otro mundo, ni en el intermedio.*
*Es el fin del sufrimiento.*

Más allá de los siglos, cuando podemos dar un salto prodigioso a la historia lejana del hombre, la evidencia impone respeto. Por muy largos que sean el tiempo y la distancia que nos separan de una civilización, siempre queda una huella indeleble de su paso. Más allá de las ruinas que testimonian su arraigo material, se trata aquí del soplo de vida, del espíritu que la anima.

La India del siglo VI a. de C. no escapa a esta regla: sin duda, ha visto nacer en su seno algunos de los pensamientos más brillantes de todos los tiempos. De este fresco de ideas y de concepciones, de aperturas y de tolerancia, debía emerger Buda. Pero, antes de convertirse en el budismo, esta corriente de pensamiento fue la expresión individual de un hombre, mortal como los demás, que supo hablar y actuar, comunicar y transmitir, mostrar el ejemplo con tal convicción que todavía en la actualidad, veinticinco siglos después, su enseñanza sigue estando viva, e ilumina y hace brillar la existencia de millones de personas en todo el mundo.

Antes de ir más allá y reflexionar sobre esta doctrina que debía revolucionar la India clásica, olvidemos por un instante los fuegos de la historia y limitémonos a conocer al hombre que sus contemporáneos reconocieron como el Iluminado.

## El anunciador de la «salvación»

La vida pública de Siddhartha Gautama en calidad de Buda comienza realmente el día en el que pronuncia el célebre «sermón de Benarés». Desde ese momento se convierte en transmisor del conocimiento y, hasta su último aliento de vida, utilizará toda su energía para iluminar a sus semejantes y hacerles comprender cuál es el único camino que lleva al nirvana. Buda es consciente de su misión. No permitirá nunca que se dude de su papel, que no es el de un maestro depositario de un saber, sino más bien el de un anunciador del sendero que lleva a la salvación.

Esto explica por qué excluye de su enseñanza todo aquello que no conduce directamente al despertar. El mejor ejemplo para su propósito son los argumentos metafísicos, especialmente desde el punto de vista teórico; sin embargo, durante toda su vida pregonará contra ellos y los considerará perniciosos, ya que pueden hacer que el hombre retarde su camino hacia el nirvana.

En cuanto a que el saber sea un bien o no a la hora de afrontar cualquier tema, Buda adopta en cada caso una actitud serena y especialmente explícita. En el curso de su vida utiliza todos los medios posibles para que se le comprenda y llega a hacer del silencio un método de comunicación completo, al cual conferirá una nueva potencia.

Si calla de vez en cuando, no lo hace por ignorancia, sino para transmitir su pensamiento con mayor exactitud: «Al abstenerse de tocar las realidades extremas, se dejan abiertas. No hablar no significa hacer que estas se desvanezcan, sino, por el contrario, hacerlas visibles como una profundidad formidable. No es imposible encontrar en el mundo el camino a lo largo del cual desaparece el mundo. El saber que está ligado a este camino encuentra su expresión. En cambio, la humildad prohíbe cualquier pretensión de conocer el ser real».[33]

Brota aquí, sin duda, la prodigiosa inteligencia de Buda. Porque en la esencia y en la forma su discurso no difiere demasiado del de tantísimos ascetas que le habían precedido: la concatenación de los pensamientos, la formulación de las ideas, los grandes pilares de su enseñanza, etc.; prácticamente todo había sido dicho y hecho ya en ese campo. Sin embargo, gracias a su personalidad, destaca como un ser único y sublime. Aquí reside toda la diferencia.

LAS VIRTUDES DEL EJEMPLO

Para decirlo de una manera sencilla, el «secreto» de Buda es la eficacia. No se contenta con hablar, decir o explicar, sino que muestra lo que es necesario hacer. No se limita a describir el sendero que conduce a la salvación: cada segundo, cada instante, de su existencia terrena lo ve totalmente envuelto en aquello que él revela y ofrece a los hombres, él mismo es aquel camino.

---

33. KARL JASPERS: *Les grands philosophes*, Librairie Plon, 1989.

Al haber llegado a dominarse a sí mismo, al estar liberado de lo sensible y de los intereses humanos, de sí mismo y de su orgullo, Buda ha realizado con extraordinaria voluntad la superación de sí mismo. Habiendo alcanzado la serenidad, en la paz y en la dulzura, le es más fácil iluminar el camino y mostrar a los hombres la vía que debe seguirse.

La diferencia esencial entre Siddhartha Gautama y los demás ascetas reside indudablemente en el hecho de que ahora él se ha separado completamente de su propio ser, y ha renunciado al conjunto de las exigencias concretas y materiales. La iluminación lo ha llevado más allá de una búsqueda cualquiera: ha llegado a la claridad de un universo de evidencias y de serenidad donde lo impersonal es la regla fundamental. Ahora él se funde con aquello que lo circunda: «Sin casa ni país, con el espíritu robado al mundo, yo camino, intangible para los niños y para los hombres».

No es una paradoja pequeña ver a este hombre, que se convierte en un modelo para una parte de la humanidad y que, al mismo tiempo, se diluye literalmente y se libera de todas las características hasta perder su propia individualidad. El gran éxito de Buda, respecto de sus predecesores, es lograr mostrar el camino a todos aquellos que aspiran a la liberación, dar una prueba viviente de que puede alcanzarse el nirvana, sin convertir por ello su imagen en una referencia personalizada. El ejemplo a seguir es convertirse en un buda y no parecerse en todo al Buda llamado Siddhartha Gautama. De hecho, cuanto más desaparecen sus rasgos personales, borrados por la ascesis, más crece su influencia. Se trata de la afirmación de la verdad en la negación del yo. En otras palabras, para alcanzar la luz y elevarse, el hombre debe deshacerse de todo lo arbitrario que habitualmente plasma su existencia, que envuelve de manera artificial su ser profundo y lo tiene prisionero. La liberación se realiza a este precio: sólo se llega a producir con la renuncia a uno mismo.

UN MENSAJE PARA DESPERTAR
A TODOS LOS HOMBRES

Aunque es cierto que la aportación fundamental de Buda reside en la completa realización de aquello que sus predecesores simplemente habían iniciado, no lo es menos que la gran novedad de su enseñanza reside en el hecho de que él se dirige a los hombres y a las mujeres de todas las condiciones y clases.

Antes de él, los brahmanes se afirmaron como los únicos poseedores de un saber que transmitían —según su buena voluntad— a los eruditos de origen noble; de esta manera, ejercían como unos intermediarios considerablemente poderosos entre dioses y hombres. Tradiciones, castas y rituales eran sus instrumentos privilegiados, los cuales constituían una auténtica muralla casi infranqueable para la gente del pueblo llano.

Al haber estado realmente «iluminado», Buda no sabe qué hacer con el poder, temporal o no temporal. Por lo tanto, transmite su mensaje de despertar a todos los seres vivos, sin distinción de sexo, etnia o raza. Al dirigirse a cada uno de ellos, sin tener en cuenta su origen, con la misma convicción y renuncia, hace que la liberación sea accesible a todos. La religión se convierte en universal por primera vez en el mundo antiguo y deja de ser selecta y reservada a unos pocos.

Buda no se toma la molestia de combatir, denunciar o condenar la tradición, las castas o el poder personal y excesivo de los brahmanes: se contenta con abandonarlos, ignorarlos y predicar aquello que considera esencial. El efecto no se hace esperar: las peregrinaciones se multiplican, se desarrollan las comunidades monacales y un número cada vez mayor de monjes se dedica a la mendicidad, con el sostén de los adeptos laicos. Si bien las vocaciones sacerdotales todavía tienen mucho que ver con los jóvenes nobles y necesitan cierta cultura espiritual para que puedan vivirse con plena armonía, el mensaje de Buda se difunde por todos los estratos de la sociedad india: emerge por encima del conjunto de restricciones, divisiones y categorías sociales, económicas y políticas, y se convierte en universal.

El cambio es profundo en una India anclada en unas tradiciones ancestrales fuertemente arraigadas en la vida cotidiana. Al mismo tiempo, Buda se dirige a cada uno en particular, pero además deja que cada hombre elija vivir sus enseñanzas a su manera: desde el interior convirtiéndose en monje y renunciando a todo, o desde el exterior siguiendo con su vida laica y ayudando a los monjes, sabiendo que la liberación superior, el verdadero renacimiento, no se alcanzará más que con la renuncia total. La gran novedad que surge es que cada cual debe decidir qué es lo que desea hacer con su propia vida.

## UNA VOLUNTAD MISIONERA

Para que su mensaje pueda asimilarse mejor, Buda transmite el saber tanto individualmente como a pequeños grupos, bajo la forma de sermones o de conversaciones de las que sus oyentes extraen las semillas que harán germinar en sus vigilias.

En todos los casos planteados, el contenido sigue siendo el mismo: la salvación es un saber y la liberación pasa por el conocimiento; el hombre, con pensamientos y acciones, se ve ayudado por la meditación; por lo tanto, debe tender hacia el conocimiento.

La forma puede variar según el momento y la finalidad que se busque. Muy a menudo, con una formulación extremadamente simple, el Iluminado pasa de manera indistinta de la parábola al aforismo, de la ficción poética a las referencias extraídas de importantes tradiciones alegóricas de la antigua India. Sus conversaciones se parecen a aquellas de todos los predicadores de su tiempo. Del mismo modo que la predicación de Sócrates, Confucio o Jesucristo, la transmisión es esencialmente oral y Buda no piensa en fijar por escrito las líneas esenciales de sus discursos. Pero, a veces, redacta unos resúmenes —que reciben el nombre de *sutra*— que sus discípulos se encargarán de transmitir a la posteridad. De hecho, la doctrina no necesita de lo escrito para vivir y producir con fuerza su irradiación.

A través de algunas informaciones que se traslucen entre las líneas de los sutras, las generaciones futuras descubrirán la personalidad humana de Buda. En lo cotidiano, el primer trazo sobresaliente de su personalidad es, sin duda, su fuerza de voluntad. Al hilo de las conversaciones, se revela a veces autoritario, incluso soberbio, pero parece poner todo su empeño en conservar las maneras suaves en las que se refleja una generosa benevolencia.

Cuando conversa con sus discípulos, o con personas que se acercan a él por primera vez, fiel a su vocación apostólica, hace gala de una gran paciencia, y escucha con atención y respeto los argumentos de todos aquellos que se dirigen a él. Se expresa en la lengua más popular, y no en sánscrito, con el objetivo de que todos los presentes le entiendan.

Otra gran característica de su temperamento es la humildad; nunca se escuda en que está inspirado, ni pretende que cualquier dios se exprese a través de él. Sencillamente se llama a sí mismo *iluminado*.

Con estos hábitos no puede dejar de respetar la vida. Muchos de sus discípulos afirmarán enseguida que practicaba con asiduidad el *ahimsa*: «Al renunciar a matar a cualquier ser vivo, Gautama el rico se abstiene cuidadosamente de destruir la vida. Él, el guerrero Kshattryia, ha renunciado al bastón y a la espada; al mostrar horror por la du-

reza y estar lleno de mansedumbre, manifiesta
compasión y bondad por todos los seres dotados
de vida... Al eliminar la maledicencia, evita la mínima calumnia... Parece que sólo viva para acer-
car a aquellos que están divididos, para animar a
la gente a que esté dispuesta a comprenderse; es
amigo de la paz, un pacificador; apasionado de la
paz, solamente pronuncia palabras de paz».[34]

Inevitablemente, no todos los interlocutores
que encuentra Buda están dispuestos a escuchar
y a aceptar lo que les dice. Cuando se encuentra
frente a la incomprensión o el insulto, no pierde
la calma ni la sencillez; como hombre iluminado,
sabe responder al mal con el bien y prefiere per-
manecer en silencio: «Si un hombre enloquecido
me hace daño, yo le ofrezco de buen grado la protección de mi amor; cuanto más mal recibo de él,
más bien recibe él de mí».

«Si un ingenuo le injuriaba, Buda escuchaba
en silencio y cuando el otro había terminado, le
preguntaba: "Hijo mío, si alguien rechaza aceptar un don que se le ofrece, ¿a quién pertenecerá
el don?". El hombre respondía: "A quien lo ofre-
ció". "Hijo mío", decía entonces Buda, "yo re-

---

34. Diálogo II, 5, en WILL DURANT: *Histoire de la civilisation*
*(Notre héritage oriental*, tomo 2), Éditions Rencontre, 1966-
1969.

chazo aceptar tus injurias y te pido que te las quedes para ti"».[35]

Más allá de las palabras, Buda y sus discípulos cultivan asiduamente las virtudes del ejemplo. Sus comportamientos predican el despertar y la búsqueda de la liberación final, a la vez que las palabras que podrían llegar a pronunciar. También esto supone una novedad y demuestra lo más concretamente posible el fundamento del budismo que está empezando a nacer.

En la más pura tradición de los sofistas errantes y de los nómadas, que a lo largo de todos los tiempos han tomado las calles y los caminos de la antigua India, Buda va de ciudad en ciudad, acompañado de sus discípulos más cercanos. A veces algunos fieles se unen al grupo, que en ciertas ocasiones llega a estar formado por unas mil personas. Sea como sea, el Despierto parece contentarse con vivir el presente. Inmerso en una paz y en una serenidad indestructibles, no se preocupa nunca del mañana, y para vivir le basta con lo poco que le dan.

Generalmente el grupo se para a las puertas de la ciudad o del pueblo, en un bosque o en un prado, o bien en las proximidades de un río. La tarde está dedicada a la meditación; la noche, a la enseñanza. Buda hace las preguntas, expone las

---

35. WILL DURANT: *op. cit.*

parábolas, discute y lanza fórmulas que resumen sus doctrinas.

Con el paso del tiempo sus ideas y su fama le preceden, pero muy a menudo resulta que este modo de transmisión no es suficiente. Es necesario crear otros medios para llevar la Palabra a todas partes.

## LA COMUNIDAD MONÁSTICA

Con el fin de asumir esta voluntad misionera, Buda funda un modelo de comunidad monástica —con estatutos, organización y controles oficiales—, que responde a la necesidad de salvación individual de los monjes y que al mismo tiempo favorece la difusión de lo que se convertirá en su doctrina, primero de provincia en provincia, y después por el resto del mundo.

Los monjes aceptan someterse a unas reglas concretas. En general, se trata de discípulos que superan este obstáculo con el objeto de acceder a la verdadera liberación; entonces, abandonan la región en la que residen, el trabajo y la familia. En sus diferentes rangos encontraremos a reyes, mercaderes y aristócratas.

Hacen voto de pobreza y castidad, se afeitan la cabeza, se visten con una túnica amarilla y van hacia la aventura. Para sobrevivir practican la mendicidad, con la escudilla en la mano, en la que los simpatizantes laicos les echan la comida.

Quienes entran en la comunidad monástica dejan en herencia a esta sus bienes materiales. Son tantos, que en pocos años poseen numerosos jardines y palacios donde se invita al pueblo a recibir las enseñanzas de la doctrina y que aún hoy sirven de refugio en las estaciones de lluvias.

Se produce una oleada de conversiones que aumenta con el paso de los años, de las décadas, de los siglos, tanto en la India como más allá de sus fronteras.

SEGUNDA PARTE

# LA DOCTRINA

# El nacimiento de una doctrina

*Las enseñanzas que pueden proporcionarse a ustedes mismos, que conducen a la extinción de las pasiones, a su distanciamiento y no a su aumento, a la frugalidad y no a la codicia, a la satisfacción y no a la insatisfacción, a la alegría del bien y no a la del mal, son tales que permiten afirmar con certeza: esta es la norma, la disciplina, el mensaje del Maestro.*

El viaje que haremos hoy es mucho más importante. Nos acercaremos a la antigua India, país de miles de creencias y rituales, para intentar despertar la memoria de este fantástico país, ayudarnos a encontrar el aliento vital de la cultura de una época brillante y reconstruirla como si de un asombroso fresco se tratase, para contemplar así esta otra faceta de la civilización humana.

De este modo, más allá de las inmensas virtudes de un hombre que conoció la gracia de alcanzar el despertar, estaremos frente a una de las fuentes espirituales más vitales de todos los tiempos, en la que continúan bebiendo los hombres desde hace veinticinco siglos. Destacaremos aquellos temas que, relacionados con sus valores, no podemos dejar de conocer, ya que poseen una fuerza tal que, después de su comprensión, nuestra manera de ser habrá cambiado.

Después de haber encontrado a quien dio el primer paso cuando puso en tela de juicio las más antiguas tradiciones religiosas de la India secular, nos detendremos ahora en la comprensión de la doctrina que viajaría más allá de los límites de las provincias indias e iba a hacer del budismo una religión universal.

## LOS ORÍGENES

Como ya hemos visto, la filosofía budista no surge inmediatamente como un fenómeno aislado, fruto de la mente de una persona fuera de lo común. Se trata más bien de una manifestación más de la larga tradición india, que viene a revitalizar un pensamiento místico entumecido y paralizado por una confusión de rituales y creencias.

En este sentido, desde el inicio, el budismo apareció como la continuidad de las investigaciones ancestrales de los yoguis indios. En cuanto que va emergiendo poco a poco, y se amplifica antes de difundirse por toda la India y después por el mundo, se inserta en una lógica de renovación.

En la historia de los hombres, el nacimiento de una doctrina —digna de tal nombre y respetuosa con una perfecta línea de conducta moral— siempre es un momento conmovedor. Es como una nueva especie de flor que aparece de repente y encuentra la fuerza y las energías necesarias para afirmar su diferencia y tener un nuevo nombre en la ya extensa lista de la creación. Se trata, sobre todo, de una nueva puerta abierta a la comprensión del universo en el que se halla inmerso el ser humano, un umbral que cada uno es libre de cruzar según sus aspiraciones.

El *Dharma*[36] es en realidad una vía de búsqueda personal que tiende a explicar el mundo y el papel del hombre en el mismo. Más que un verdadero dogma[37] en el sentido religioso del término, es en su origen un acercamiento psicológico, una investigación de naturaleza individual.

La doctrina no es una finalidad en sí misma, en cuanto que su aplicación requiere un compromiso personal concreto y una disciplina de-

---

36. Dharma: la doctrina.
37. Dogma: verdad fundamental e irrebatible.

terminada: más allá del sencillo dominio de sí mismo, es ante todo un «medio» para alcanzar la salvación. La doctrina tiene esto de esencial: a partir de una asombrosa mezcla de géneros, reúne en su seno numerosos enunciados heredados de tiempos pasados para llegar a una de las fusiones globales más coherentes. Allí se encuentran codo con codo elementos del brahmanismo original (el antiguo *Vedanta*), ideas llegadas directamente de los *Upanishad* (teorías metafísicas del nombre y de la forma), enunciados tomados del yoga (meditación filosófica) o de la medicina[38] (método, terminología, diagnóstico...). Como siempre, entre líneas, aparecen tres ejes principales eminentemente catalizadores —la moralidad elevada, la contemplación a través de la meditación y la sabiduría psicológica— que subrayan las aspiraciones espirituales de esta forma de pensamiento.

Pero la gran idea del Dharma, que pone en cuestión las antiguas creencias, se encuentra en volver a dar al hombre el papel principal en la orientación de su trayectoria y de su devenir es-

---

38. Como subraya justamente Maurice Percheron (*op. cit.*), la concepción de los cinco *skandha* (constituyentes), que son el cuerpo, los sentimientos, las percepciones, los impulsos y las emociones, entra en el campo de la anatomía.

piritual. Mientras que anteriormente debía ganarse el beneplácito de los dioses para acceder a la gracia, ahora sólo depende de él alcanzar o no la salvación. Las divinidades de la antigua religión védica no se repondrán de este golpe final dado a su autoridad, ya que en adelante también deberán transmigrar mediante la condición humana antes de acceder al nirvana. Mientras que el brahmanismo ponía en el primer plano el âtman como única realidad aceptable, donde la divinidad debía hacer de intermediaria, la doctrina budista coloca la liberación como objetivo último y el sufrimiento como el medio para alcanzarlo. Por ello, el papel preponderante de los brahmanes entre lo humano y lo divino ya no tiene justificación, y su ferviente misticismo resulta de una inutilidad que ninguno de ellos habría osado imaginar. Los ritos y los sacrificios se ven privados de aquella aura en la que habían estado envueltos durante varios siglos, a cambio de una revalorización de los actos personales de cada individuo.

Al dar al hombre una dimensión espiritual autónoma, basada en el valor de sus obras, el Dharma introduce un cambio que resulta irremediable en la jerarquía social de la India del siglo VI a. de C. En realidad es propio del budismo colocar al ser humano por encima de toda la jerarquía social y, en el contexto de la época, se trata de una idea excepcionalmente innovadora y valiente, precisamente porque hace saltar por los aires las relaciones de fuerzas que existían hasta entonces en la sociedad india, y las libera del yugo de las castas brahmánicas.

El budismo encuentra una fuerza considerable en el simple hecho de que no se contenta con proponer la salvación al hindú, sino a cualquier persona, se halle donde se halle. De esta concepción nace una forma de pensamiento que enseguida se tranformará en una religión más abierta que todas las anteriores.

Así como el brahmanismo era —y quería ser— cerrado, culturalista, elitista, embebido de sí mismo y sabiamente hermético para proteger mejor sus privilegios, el budismo romperá todas las cadenas y se presentará como la respuesta ofrecida a una aspiración espiritual universal.

El brahmanismo hacía referencia al brâhman, una divinidad impersonal, y admitía a fin de cuentas la realidad del âtman; se cuidaba poco del mundo real y concreto que se vive día a día. Cuando la universalidad del Dharma empuja al budismo a subir a escena, el âtman-brâhman se ve relegado a la oscuridad.

De las antiguas ideas sólo subsiste el Karman. Por una razón: es el único que puede estar en un verdadero contacto con el hombre, pero con una elevada evolución que no lo someterá ya a más sacrificios y a otros rituales brahmánicos; ahora cada uno determina la naturaleza del propio «bagaje kármico».

Según el Dharma, el hombre ya no es un instrumento a merced del beneplácito de los dioses: tiene capacidad de actuar para influir en el valor de su trayectoria; con el equilibrio de sus actos, el hombre vuelve a encontrar la libertad de su propio devenir. En lugar de ser un juguete estereotipado por la creación para toda la eternidad y que se mueve según la voluntad de los brahmanes, a partir de ahora el hombre, desde el principio hasta el final de su existencia, sigue estando en continua evolución y es capaz de expiar sus propios errores con un mejor comportamiento.

Relacionado con la noción de Karman, este acercamiento no es en absoluto pesimista. La sucesión de vidas terrenales o el renacimiento después de la muerte son elementos derivados de una misma dinámica: el dominio del propio destino que conduce a la liberación. La doctrina tiene por vocación la tarea de mostrar el camino, de ofrecer al hombre las bases que le permitirán, de manera más o menos rápida y en función de sus más íntimas aspiraciones, liberarse y alcanzar el nirvana.

Con su maravillosa capacidad de síntesis, Buda tenía el hábito de resumir el Dharma en una sencilla frase que funcionaba como un mensaje dirigido a todos los hombres: «Abre tus oídos, se ha encontrado la liberación de la muerte».

## LA NOCIÓN DE DIVINIDAD

Manifiesta u oculta, expresada de mil maneras diferentes o de la forma más sencilla, la relación con lo divino es esencial en todas las sociedades, en cuanto es significativa del grado de progreso o de parálisis de una civilización. De hecho afecta a todo aquello que existe desde lo más íntimo del ser humano y, por reflejo de lo anterior, a lo que se relaciona con sus elecciones y también con su devenir futuro.

Antes de la llegada de Buda, los dioses eran muy numerosos en la India del siglo VI a. de C. La fe en potencias sobrehumanas propició la aparición de gran cantidad de cultos rituales, todos ellos más o menos parecidos a las prácticas religiosas. Para numerosos adeptos, lo divino se relaciona directamente con la religión; esto explica por qué los brahmanes, los únicos que estaban en contacto con la divinidad, habían podido conquistar tal prestigio sobre el pueblo a lo largo de los siglos.

Cuando el budismo hace su aparición, se trata sólo de una filosofía de vida, de una enseñanza de un modo muy práctico de vivir lo cotidiano. Buda no condena nunca a los antiguos dioses ni se deja llevar por ningún juicio crítico con relación a estos. Simplemente los considera como entidades colocadas provisionalmente por encima de los seres humanos y sometidas a su misma suerte. Por esta razón, en sus enseñanzas no los juzga, sino que más bien los ignora. Así lo hace con la creación del universo, atribuida hasta entonces a una divinidad, Ishvara. Buda se preocupa por los hombres y por su destino en la tierra, y no por las extrapolaciones evanescentes que no se apoyan en nada concreto, a las cuales se les puede obligar a decir lo que se quiera.

La realidad es que el cielo y el infierno, tal y como los conciben o consideran otras religiones, no son más que estados de consciencia. De cualquier modo, ya se sea humano o elevado temporalmente al rango de dios, es necesario pasar por el estado humano, por la cadena de los renacimientos y por la vida monástica, antes de acceder a la santidad y, por lo tanto, a la liberación.

No existe un chivo expiatorio divino sobre cuyas espaldas descargar todos nuestros pecados: el hombre es el único responsable de su trayectoria, porque con sus actos determina la frecuencia y el valor de sus transmigraciones, avanza a su ritmo y según la pureza de sus aspiraciones hacia la liberación final.

## EL PAPEL DEL SUFRIMIENTO

En muchas ocasiones se ha considerado el Dharma como la doctrina del sufrimiento. Aunque esta definición parece un poco excesiva, hay que considerar que la iluminación de Buda está estrechamente relacionada con su descubrimiento del sufrimiento humano. Así, observa muy acertadamente Maurice Percheron:[39] «He aquí la verdadera innovación: el brahmanismo no había considerado nunca que la transmigración estuviese relacionada con una eterna repetición ni tampoco que el hecho de existir constituyese en sí mismo la inexorable redención de pertenecer al mundo terreno, divino o infernal».

¿Por qué el sufrimiento tiene un papel tan importante en el budismo? Sencillamente porque en el solo hecho de nacer reside todo el origen del dolor. Así como el paso de una vida a otra debe servir para compensar, purificar y lavar las suciedades del pasado del hombre, cada una de las

---

39. *Op. cit.*

existencias, a pesar de sus buenos momentos, está de alguna manera seguida por dolores. Se comprende mejor por qué el objetivo final —alcanzar la liberación— es un alivio: consiste, sobre todo, en no renacer más y en no conocer más sufrimientos. «El vedismo hablaba de un dominio en que los seres humanos eran recompensados o castigados. El brahmanismo se basaba en la transmigración con la posibilidad, durante una reencarnación, de llegar a fundir el propio âtman en el brâhman universal. Nadie había planteado el problema del hecho esencial: cada renacimiento comporta una suma de dolores. Ya se trate de una vida peor o mejor que la anterior, este es un hecho secundario, ya que el mal es la vida en sí misma».

Por ello la llegada de Buda a la sociedad hindú adquiere una dimensión particular. Está claro que su función no es decir a los hombres lo que ellos quieren escuchar, sino, por el contrario, la de hacer comprender que la vida no es en absoluto tan buena como se cree. Él hace de revelador y de vez en cuando pone el acento en cada una de las debilidades humanas: «Descubre la incerteza o la angustia espiritual *(diskkha)*, la ineluctable caducidad de todo lo que ha sido creado *(anicca)* y la ilusión *(anattâ)* de la que la humanidad se ceba». Buda encuentra diferentes causas de esta persistencia en el sufrimiento. La primera es indudablemente el deseo, que engloba todas las nociones de posesión, avidez, iniciativa y realización.

El segundo origen de nuestro dolor resulta ser la falta de autocontrol, muy relacionada con la satisfacción concedida a las pasiones y a las sensaciones, que van desde el lenguaje y los comportamientos no convenientes hasta los placeres del paladar, de los sentidos y de todo el cuerpo. En otras palabras, todo cuanto está incluido en la satisfacción de las pulsiones primordiales.

Por último, otra de las causas principales —y seguramente la peor— de nuestro errar en el sufrimiento es la ignorancia, la falta de voluntad de saber, la búsqueda del bienestar sin preocuparse de la verdad. «En el torbellino del devenir, la inestabilidad, el envejecimiento y la muerte de todo lo que ha tenido un principio es inevitable: vivir o devenir es función de las sensaciones; sentir es función del deseo; y desear es función de la ignorancia».[40]

Esta teoría del sufrimiento la expresa Buda en las «cuatro santas verdades», como él las llamará a continuación:

He aquí, oh, monjes, la noble verdad del sufrimiento. El nacimiento es sufrimiento, la vejez es sufrimiento, la en-

---

40. Coomaraswami, citado por M. Percheron.

fermedad es sufrimiento, la muerte es sufrimiento, estar unido a lo que no se ama es sufrimiento, estar separado de lo que se ama es sufrimiento, no tener lo que se desea es sufrimiento.

He aquí, oh, monjes, la noble verdad de la causa del sufrimiento. Es la sed, que comporta un nuevo nacimiento, unida a la alegría y al deseo: sed de placeres, sed de devenir, sed de lo efímero.

He aquí, oh, monjes, la noble verdad sobre el cese del sufrimiento: es la superación de esta sed mediante el anonadamiento total de cualquier anhelo; dejar que ande por su camino, renunciar a ella, desencadenarse y no darle acogida.

He aquí, oh, monjes, la noble verdad sobre el camino que lleva a la supresión del dolor; se trata del óctuple sendero sagrado: recta comprensión, recto pensamiento, recto hablar, recto actuar, recto modo de sustentarse, recto esfuerzo, recta concentración, recta meditación.

## DE LA DESMITIFICACIÓN A LA LIBERACIÓN

Está claro que el budismo desea ser desmitificador. Buda no deja de explicar a los hombres que deben abrir los ojos y no dejarse llevar por las falsas y reconfortantes creencias de las cosas permanentes. Ciertamente las apariencias existen, como cada uno de nosotros puede constatar en el día a día, pero esto no basta para conferir al ser un carácter inmutable, ya que realmente no existe nada que sea permanente. La regla implacable quiere que todo lo que ha sido creado vaya hacia lo increado. De ahí que no haya aparición sin desaparición y que el ser humano empiece a morir desde el día de su nacimiento.

Por ello, es preciso que el hombre se separe del mundo de las apariencias que lo circundan para investirse de su propia energía en otro plano, en los cuidados y en las acciones de las que recibirá verdaderamente los beneficios que le ayudarán a trascender sus apariciones en el mundo material hasta que sea liberado y supere el sufrimiento y la reencarnación.

Una vez más, el mensaje de Buda es claro: más allá de las nebulosas teorías generales del pasado existe un camino individual que se ofrece a cada uno: quien desea dejar de sufrir acepta comprender, renuncia a las apariencias y procede hacia el conocimiento y la realidad inmaterial. Entonces la paz y la serenidad llegan hasta él, anunciadoras de la liberación.

LA LEY DE LA CONTINUIDAD
O PRINCIPIO DE CAUSA Y EFECTO

Otro elemento esencial de la doctrina budista tiene que ver con la definición según la cual cualquier hombre es la suma de cinco elementos fundamentales, evolutivos y modulables, que forman parte de su personalidad y que se denominan *skandha*: el carácter material, la sensación, la percepción, la conformación y la consciencia.

La influencia de cada uno de estos elementos es variable, y contribuye de una manera u otra a conseguir el equilibrio ideal de la persona. Existe, sin embargo, cierto número de combinaciones posibles entre los skandha, que después pueden multiplicarse cuando se asocian a los cuatro elementos tradicionales de la naturaleza: el aire, la tierra, el agua y el fuego.

Aquí interviene la noción de continuidad, de concatenación —es decir, de causalidad—. Cada uno de los estados determinados por todos estos elementos constituyentes ha sido previamente condicionado por el anterior y será el origen del siguiente: esta es la misma definición del karma.

La doctrina budista corresponde en cierta medida a una sucesión lógica y a un proceso que se renueva hasta el infinito, si bien los detalles que lo componen cambian continuamente. De manera esquemática puede definirse la «cascada de estados» de esta manera.

• El deseo unido a la ignorancia determina un acto.

• El acto realizado produce una impresión y hace que aparezca la consciencia del yo.

• La impresión y la consciencia del yo tienden a afirmar la existencia individual.

• Pero la existencia individual no tiene otra prueba de su propia realidad que los sentidos.

• Los sentidos, que separan y unen, inducen al contacto con el mundo exterior.

• El contacto produce la sensación.

• No existe sensación que no genere un apetito, ya sea de prolongarla o de renovarla.

• El apetito tiende a incorporar el objeto deseado.

• Esta absorción construye de este modo un devenir.

• Cualquier devenir es creador de un nacimiento (una palabra que hay que tomar en el sentido más amplio de un nuevo estado, no exactamente similar al precedente).

• Todo nacimiento, en cuanto tal, supone el sufrimiento por la no posesión o la pérdida, la degradación por el envejecimiento y, por último, la desaparición por la extinción.

Sería como afirmar que la persona, que nosotros pensamos que permanece, no existe en realidad y que se trata tan sólo de una serie de imágenes sucesivas de una realidad pasajera.

En el hombre nunca hay nada de adquirido o definitivo, simplemente porque este permanece durante toda su vida en un perpetuo estado de cambio: cada periodo es directamente tributario del que lo precede y está implicado en el siguiente. A partir de esta conclusión Buda llega a la llamada *Segunda Afirmación*:

> El cuerpo, oh, monjes, no es en absoluto el Yo, la sensación no es en absoluto el Yo, la percepción no es en absoluto el Yo, las construcciones no son el Yo, y ni siquiera la consciencia es el Yo.
>
> Si consideramos esto, oh, monjes, el discípulo no tiene cuidado del cuerpo, de la sensación, de la percepción, de las construcciones, de la consciencia. Al no preocuparse de ello, se hace impasible. Al ser impasible, se libera. De la liberación surge la consciencia: «¡Estoy liberado!». Y entonces sabe esto: el nacimiento se ha destruido, la vida con el Brâhma se ha vivido, lo que se debía hacer ya se ha hecho, ya no existen más problemas de devenir esto o aquello.

Al llegar hasta el fondo mediante su lógica, el budismo afirma que el alma —lo que en la definición más exhaustiva reúne los sentimientos, la voluntad y, de manera más amplia, la consciencia— no existe de manera permanente. Esta no es más que el fruto de una sucesión de estados: por lo tanto, no existe un yo definitivo, sino innumerables secuencias que forman una concatenación ininterrumpida. Esto conducirá a Buda a no concebir el alma como un dato espiritual constante:

Sería mejor, oh, discípulos, que tomaseis por el Yo el cuerpo material más que el espíritu. El cuerpo permanece todavía por un momento, pero eso a lo que llamáis espíritu se produce y se pierde en un perpetuo cambio.

Del mismo modo que un mono que corre por el bosque se agarra a una rama y después la deja de repente para volver a cogerse a otra, y así sucesivamente sigue su camino, del mismo modo, oh, discípulos, aquello a lo que vosotros llamáis espíritu, pensamiento y conocimiento, se forma y se pierde continuamente.

La primera consecuencia de esta redefinición del yo es seguramente la discontinuidad en la que vive el hombre; ya nada es estable e inmóvil, ni reconfortante ni susceptible de servir de punto de referencia: esta es la puerta abierta a las incertezas y a los sufrimientos sin fin. Por ello la existencia está hecha de dolor.

Otra importante implicación consiste en que lo que nosotros consideramos hasta el presente como la posible reencarnación de una entidad debe reexaminarse sobre todo en la formulación que la define. En efecto, es evidente que, si el alma no tiene una permanencia real y adquirida, sino que, por el contrario, es una cadena de estados sucesivos, no puede migrar de un cuerpo a otro. Se puede evocar el «renacimiento» de la entidad, pero entonces no se puede hablar de «reencarnación»: esta no puede ser la misma cosa que estaba en un cuerpo y que ahora se encuentra en otro.

Por lo tanto, el karma es una realidad, con todos los actos pasados que deben rescatarse. Un hilo de Ariadna que une las existencias hace precisamente de puente entre estas experiencias en apariencia aisladas que son nuestras vidas sucesivas. ¿De qué se trata, entonces? ¿Qué es lo que infunde a la energía vital de un individuo ese fantástico poder de subsistir? ¿Qué es lo que permite al ser profundo, más allá de las apariencias corporales, anclarse en una inmortalidad terriblemente necesitada, pero también anunciadora de una total fusión con la luz si se le dan los medios para alcanzar la liberación? Esta es una pregunta importante, a la cual Buda, voluntariamente, no dará nunca una respuesta, sino que, como maestro perfecto de una enseñanza de alta calidad moral y espiritual, dejará que cada uno se cuide de encontrarla por sí mismo. Él se limitará a afirmar que aquello que renace no es lo mismo ni tampoco otra cosa.

## DE LO NO PERMANENTE A LO IRREAL

Era inevitable que la noción de no permanencia del yo, del alma, en tanto que desmonta nuestra antigua creencia en la estabilidad, plantease otras preguntas fundamentales, en particular aquellas que tienen que ver con la realidad de las cosas.

En efecto, el paso de lo transitorio —de lo pasajero, de lo inestable— a lo irreal es breve, y si se tiene como base la lógica, está claro que la doctrina budista debía dar ese paso. ¿Cómo no considerar irreales las cosas que no duran, que desaparecen en cuanto surgen, para dejar lugar a otras igualmente efímeras? Entonces cualquier realidad se convierte en relativa.

Aquí reside la ambigüedad de nuestro vivir cotidiano: aquello que nos parece importante no es de hecho más que una realidad infinitesimal, un instante sin devenir, que deja su lugar a la realidad del instante siguiente. Por lo tanto, se admite que la realidad no existe, que nosotros vivimos simplemente en un mundo de apariencias sucesivas, sin ninguna permanencia.

Se reconoce también que los cinco sentidos, a los que dábamos tanta importancia y credibilidad, no son más que receptores muy parciales y fragmentarios de lo que de hecho existe; tampoco nos ayudan a delinear una realidad definitiva —estable y cómoda— y sólo son capaces de tomar nota del vivo cliché de los sucesivos estados que se fijan en el presente, los cuales no pueden servir de referencia porque apenas tienen tiempo de vivirse cuando ya han pasado.

Esto nos lleva a concluir que la experiencia de nuestros sentidos, la cual nutre constantemente nuestra consciencia, que está en el origen de nuestras creencias, no tiene en definitiva ningún valor real. Por lo tanto, nos es imposible alcanzar la verdad, a menos que nos limpiemos de todo aquello en lo que creíamos antes. El mensaje de Buda es claro: sólo el vacío conduce a la iluminación. De este modo lo subraya Maurice Percheron: «Al estar el mundo sensible privado de realidad, sus reacciones sobre nuestros sentidos están igualmente privadas de verdad, y nuestras ideas, nacidas de los datos sensoriales, también lo están. En consecuencia, todas nuestras voliciones, generadas por nuestras ideas, carecen a su vez de fundamento. La síntesis de estos diversos grupos de elementos (que nosotros llamamos consciencia) es, por lo tanto, un simple espejismo. La conclusión normal es que no existe consciencia y que nuestro yo se disgrega en la indagación. "El mismo espíritu es una ilusión"».

## DE LO IRREAL AL NIRVANA

A la luz de lo que acabamos de afrontar, no asombra que el estado de despertar, la liberación, se llame *nirvana*, especialmente al saber que la palabra deriva de *Nir*, «negación», y de *Vâ*, «soplo». Casi podemos atrevernos a dar una traducción literal y escribir «el soplo de la negación», pero la fórmula del «no-ser» de Buda es más explícita.

Además, es necesario entender la idea de negación, que no es tan restrictiva como pueda parecer. No se trata simplemente de negar la existencia, sino de escapar finalmente del ciclo de los renacimientos. Esto confirma que deberán existir varios niveles: el de las encarnaciones humanas sucesivas, que tiene diferentes planos según la elevación de cada espíritu; después, una vez alcanzado el nirvana —la frontera entre el encarcelamiento de los sentidos y la liberación— y superado el karma, un estado más elevado, esencialmente espiritual, en el que ya no se dan más encarnaciones terrenas dado que el ser ha encontrado la manera de expresarse.

Pero incluso aquí, evitando siempre asumir el papel de maestro, Buda no ofrece todas las respuestas; se limita sólo a dar unas indicaciones para orientar a quienes intentan la búsqueda y deja que sean ellos solos quienes superen las últimas etapas: «Hay un lugar en el que no existirán ni tierra ni agua, ni aire ni luz, ni espacio infinito, ni infinito de la razón, ni nada de nada, ni cesación simultánea de lo representado y lo no representado... Sin fundamento, sin progreso, sin apoyo: se trata del final del sufrimiento... Existe un lugar... No lo llamo ni ir ni venir, ni parada ni esfuerzo, ni nacimiento. Sin base, sin apoyo. Está al final del sufrimiento... Aquello que no tiene raíces no podrá ser desenraizado. Donde no hay desplazamiento reina el reposo. Donde reina el reposo no existe placer. Donde no existe placer no hay ni ir ni venir... Allí, ninguna muerte, ningún nacimiento... Ni en este ni en otro mundo, ni en el intermedio. Es el final del sufrimiento, del devenir, fuera del hacer y de la forma, algo sin lo cual no existiría salida. En efecto, es el nirvana, en el que la santa conducta de la vida encuentra una base sólida: el nirvana es su objetivo final, el nirvana es su conclusión».

En otras palabras, el nirvana se presenta como la extinción de lo que antes existía. Antes de la llegada de Siddhartha Gautama, el brahmanismo exaltaba la búsqueda del âtman o yo permanente, aquella partícula del absoluto presente en cada consciencia, que podría llamarse alma. Anteriormente hemos visto de qué manera Buda llegaba a la conclusión de que todo era irreal, incluso el alma. Esto introduce la noción de *Anâtman* (no-yo), perfectamente coherente con ese objetivo final que es el nirvana. Deben extinguirse la sed y los deseos, dado que perpetúan la ilusión de que en el fondo de cada hombre existe un yo permanente, un âtman o, en términos más familiares para nosotros, un alma. Porque esta ilusión genera unas ansias de vivir cada vez más intensas que se traducen nuevamente en pasiones y deseos cada vez más ardientes, y así sucesivamente. Según la ley kármica, todo esto aumenta la fuerza viva que mantiene al hombre prisionero en el ciclo infernal de nacimientos y muertes.[41]

Por lo tanto, la noción de nirvana está estrechamente relacionada con la de karma. Para alcanzar el nirvana es necesario primero poner fin al karma, a todos los deseos, actos voluntarios, afectos, pasiones y pulsiones que alimentan y perpetúan el ciclo. Alcanzar el nirvana significa detener la rueda de la vida y, por lo tanto, cualquier sufrimiento.

A pesar de las connotaciones negativas que en apariencia se le atribuyen, esto no quiere decir que el nirvana sea sinónimo de muerte. No es el fin, sino el acceso a un estado superior, a una abstracción de todas las cosas. Como ha demostrado Buda con su trayectoria, es posible extinguir todas las pasiones y seguir estando vivo, porque se puede alcanzar la liberación y no alimentar más el karma en el futuro —detener la rueda de la

---

41. Denis Gira: *op. cit.*

vida—, aunque se mantengan todavía cosas pasadas que deben regularse, una deuda kármica que hay que pagar. De esta forma, Buda permaneció todavía durante cuarenta y cinco años sobre la tierra después de haber recibido la iluminación.

El nirvana no es otra cosa que la liberación absoluta, la separación final de todo cuanto encarcela al hombre, tanto en sus pensamientos como en su cuerpo. Una vez que se ha alcanzado la plena posesión de las propias fuerzas —y únicamente de ellas—, el hombre se aleja de los fenómenos de su vida y de todo cuanto le rodea: se funde con el cosmos. En este no-ser final, el hombre ya no debe «devenir» más. Todo está cumplido, perfeccionado y adquirido: ha alcanzado el absoluto cósmico.

# El nacimiento
# de una nueva moral

*Con la fe se pueden atravesar las corrientes.*
*Apresurándose se supera el océano.*
*Con la energía se rechaza el sufrimiento.*
*Y con la sabiduría se obtiene la pureza.*

Lanzar una mirada sobre una civilización tan lejana como la India del siglo VI a. de C. es casi como tener la oportunidad de introducirse en otro universo, de penetrar en otro mundo. Sólo la cronología de la historia nos confirma que se trata del pasado y no de un planeta cercano a la Tierra, porque la sociedad en la que entramos está en muchos aspectos viva. Con el privilegio de ser por ahora viajeros del tiempo, podemos trasladarnos y entrar en las costumbres de un país en pleno desarrollo intelectual. Ciertamente, es preciso conocer la India de aquella época para comprender el alcance que tuvo el budismo, porque en ningún otro lugar habría podido encontrar un terreno tan fértil. Y, en justa correspondencia, la aparición de una nueva definición de las aspiraciones del ser humano y de su devenir confiere a este periodo una fuerza y una vitalidad considerables.

Más allá del contexto geográfico, y al llevar en su interior el germen de una religión universal, la doctrina budista ha iluminado literalmente en primer lugar su propio país, siempre ávido de saber, para llegar después a otros lugares y atraer a decenas de millones de personas en todas las partes del mundo.

Esto reconforta a quienes ven en el budismo mucho más que un simple movimiento espiritual. Aun antes de escoger su aplicación laica o religiosa, existía una auténtica «escuela de sabiduría», accesible a todos, que se ofrecía a cada uno según sus aspiraciones. Pero debemos subrayar aquí que se hacía con el vivo interés y la voluntad del budismo de mostrar el camino de la liberación a cada uno de los hombres, sin ninguna de esas múltiples decisiones elitistas con las que habitualmente están relacionadas las religiones.

Este enfoque particular de introducir las indisociables nociones de moral y de ética, así como las de paz y serenidad, dominio y equilibrio, renuncia y purificación consentidas, y las de trayectorias bien ponderadas, pacientemente construidas, se ilumina poco a poco con la claridad de la propia luz naciente.

He aquí la originalidad del budismo, que por otra parte no impone la experiencia del Maestro, sino que ofrece a cada hombre y a cada mujer la posibilidad de experimentar a su propio nivel, de perfeccionar a su ritmo, de vivir realmente su creencia día a día y no contentarse con recibir una enseñanza impersonal y distante.

Buda revela a cada uno, sea cual sea su origen, que no son necesarios intermediarios de la divinidad ni sacerdotes para liberarse de las propias cadenas. De este modo, él relaciona al hombre con la partícula de lo divino que dormita en cada ser, y parece decirle: la vida está allí, ante ti; no tienes más que caminar...

### LOS FUNDAMENTOS DE LA MORAL BUDISTA

Buda espera, sobre todo, ver que su enseñanza entra en lo concreto y no se pierde en interminables consideraciones metafísicas. Por esta razón exalta las reglas prácticas, aplicables a la cotidianidad más inmediata.

En cualquier momento de cada día, en cualquier pensamiento y acto, la elevación espiritual se extiende, compensa el peso del pasado y rescata la deuda kármica. No hay duda: se trata de una purificación, la única que permitirá superar las ilusiones de nuestros sentidos para acceder a la liberación. Ahora la vuelta a la pureza, a la libertad, puede llevarse a cabo sólo aplicando unas reglas de vida rigurosas y funcionales, constantemente reproducidas y afinadas día a día. Es el precio que debe pagar quien espera escapar del ciclo de los renacimientos.

Sin embargo, el carácter irreal de todo lo que nos circunda, junto con la disolución del ser como objetivo final —el nirvana—, ofrecen a la moral budista una dimensión particular. Como ya hemos visto, esta negación de un yo permanente, de una realidad que pueda ser una referencia al más allá del simple instante, conducirá gradualmente al hombre a fundirse en su ambiente y perder su propia personalidad hasta que ya no sea identificable en medio de los demás.

Redefinir el bien y el mal

A la luz de esta nueva definición de la trayectoria humana, se deben reformular todas las nociones clásicas que habitualmente preceden a la moral.

La concepción más corriente pretende que la moral sea en cierto modo una ciencia del bien y del mal, a partir de la cual se elabora una ética del comportamiento para cada ocasión. La visión que cada uno de nosotros tiene de lo que es el mal o el bien, de lo que se puede o de lo que no se debe hacer, determina los límites de nuestras elecciones y de nuestros actos cotidianos.

Para el budismo, el bien debe orientarse según dos aspectos principales: hacia sí, es ante todo sinónimo de abnegación del yo, de sacrificio personal; hacia los demás, se materializa en el respeto absoluto a cualquier espíritu y vida.

En cuanto al mal, este se expresa predominantemente según dos planteamientos: interior, en la asunción de todo aquello que mantiene al hombre unido al universo de los sentidos y del deseo, por pequeño que sea; exterior, en el daño que puede hacerse a cualquier forma de vida.

## No violencia y distanciamiento personal

Partiendo de estos datos, de la relación entre el bien y el mal, se instaura un nuevo arte de vivir. Al extirpar de lo vivido todas las escorias artificiales, todo aquello que no conduce al ser profundo de la liberación y después a la iluminación, el budismo realiza una labor purificadora. Pero, sobre todo, hace que se abra un nuevo elemento que en los siglos venideros se demostrará como esencial en el pensamiento hindú: al rechazar las nociones de personalismo y egoísmo, Buda da vida a la doctrina de la no violencia. Con ella se impone la no intervención del hombre en todo aquello que le es exterior. Este será uno de los elementos principales de esta doctrina.

Sin embargo, lo esencial sigue siendo el hombre y todo aquello que lo relaciona con el universo de la materia: su cuerpo. El sacrificio de los propios deseos y pulsiones, de los mensajes que le envían los sentidos, lleva al individuo hacia el distanciamiento personal.

Para quien hace el voto de caminar hacia la luz, este debe ser el objetivo de su práctica y de sus impulsos cotidianos, teniendo siempre presente la intención de liberarse de las cadenas corporales, lo cual es perfectamente coherente con la idea de que cada encarnación es sufrimiento.

LIBRE ALBEDRÍO Y RENUNCIA

De esta voluntad purificadora, de la aplicación constante de los principios de la no violencia y del distanciamiento personal, emerge una evidencia relampagueante: el hombre —y no una entidad cualquiera, divina o humana, exterior a él— es quien elige las condiciones de su devenir. Y con los hechos se afirma una noción que abrirá un largo sendero con el curso de los siglos: la del libre albedrío.

El libre albedrío no es otra cosa que la capacidad de dirigir la propia existencia en función de las elecciones éticas, morales y espirituales, realizadas en plena libertad. Reconocer al hombre este derecho significa superar el estadio en el que este era considerado un objeto de los dioses y hacerlo ascender a una madurez y a una responsabilidad muy distintas.

Sin embargo, todavía es necesario matizar la afirmación según la cual es posible cambiar la vida futura. Una cosa es poseer los medios para tomar las decisiones importantes y aplicarlas y otra son las deudas del pasado —kármicas— que siguen estando presentes y, en cierto modo, tienen peso incluso en las decisiones generales sobre la trayectoria futura.

Por lo tanto, el libre albedrío es parcial y debe «pactar» con los hechos anteriores, sobre los cuales no tiene ningún efecto; puede influir en la manera de «agotar el pasivo», al considerar un imperativo y una urgencia, pero en ningún caso se halla investido del poder de cancelarlo con un simple golpe de varita mágica.

Además, tiene valor real sólo en la medida en que se apoya en el pensamiento racional y coherente. No debe olvidarse nunca que el juicio es una facultad de ejercitar, de afinar, en relación con la cual es necesario saber ser críticos y objetivos, así como analizar los errores y no profundizar en la ilusión. He aquí el quid de la cuestión: al hacerse responsable de su trayectoria futura, el hombre tiene en la mano su destino. En este sentido, puede orientarlo en la dirección que desea, pero nunca prescindiendo de valores.

Por esta razón, el libre albedrío no puede existir sin el examen de conciencia, que pasa por la criba de la rectitud y de la pureza cada decisión, por mínima que sea, el más pequeño acto y, seguramente, el bagaje cotidiano de sensaciones y sentimientos.

Dueña de sí misma, árbitro de las grandes orientaciones de su vida y con perfecto conocimiento de causa, la persona tomará al final el camino de la renuncia. El adepto logrará de este modo deshacerse de las diez depravaciones: el deseo producido por los sentidos, el odio, la presunción, la ceguera, la ignorancia, la opinión, la duda, la imprudencia, la negligencia y la simple temeridad por falta de buen juicio.

El budismo enseña que para alcanzar el corazón de la renuncia es necesario un largo trabajo de perfeccionamiento día a día, semana a semana. Con el tiempo y con la perseverancia, el hombre llega a identificar y a no practicar más los diez pecados que habitualmente se presentan como trampas colocadas en la trayectoria humana:

— los tres pecados del cuerpo: fornicación, hurto, homicidio;
— los cuatro pecados de la palabra: frivolidad, mentira, perjurio, calumnia;
— los tres pecados del pensamiento: malicia, codicia, blasfemia.

El progresivo extrañamiento de las cosas más exteriores de la vida se compensa con un creciente apego a las virtudes que poco a poco acercan al budista al abandono de sí mismo y a la renuncia final. Las virtudes son ocho: amor a la verdad, respeto a sí mismo, castidad, humildad, pía benevolencia, compasión, ascetismo y sumisión al dolor.

Pureza de espíritu
y consciencia colectiva

La finalidad de la renuncia es seguramente la purificación. Resulta similar a una dieta para reducir el peso superfluo y volver con armonía a lo esencial.

Bien, mal, no violencia, distanciamiento personal, arrepentimiento sincero y renuncia a los pecados, impulso físico y moral, y apego a las virtudes esenciales son otros tantos parámetros que tienen todos juntos una idéntica función: llevar al hombre —liberándolo del cúmulo de pensamientos y de actos estériles e inútiles— a la pureza del espíritu. Se trata de volver a encontrar un espíritu puro, lo cual significa recogerse con la parte de la divinidad que hay en cada uno de nosotros.

Ser puro significa alcanzar la liberación de cualquier deseo *(lobha)*, de cualquier odio *(dosa)* y de cualquier ignorancia *(moha)*. Aquí reside el aspecto más innovador de la doctrina budista en comparación con la antigua fe: en el hecho de que la pureza de un pensamiento o de un acto depende directamente de la pureza del espíritu que los ha generado.

En el momento mismo en que se libera y se purifica, el ser se funde de manera inevitable con lo que lo rodea y con los demás. Su identidad se diluye para reunirse con la de la colectividad. Al haber renunciado a las ilusiones del yo, voluntariamente despersonalizado, se convierte en una parte del todo.

Aquello a lo que hasta este momento hemos llamado karma, y que sólo tenía que ver con la individualidad, cede el lugar a otra noción: la de «karma colectivo». Al fundirse con los demás, el ser se abandona en parte a los destinos del grupo.

Por ello es necesario tener siempre presente que, en todas las ocasiones, el karma individual del hombre es una parte tributaria del karma colectivo del grupo, con el cual se identifica y al que aporta su energía. Del mismo modo, la consciencia individual tiende también a diluirse en la consciencia colectiva.

# La escuela de la sabiduría

*Haz un pergamino de tu piel desollada,*
*haz una pluma de tus huesos,*
*haz tinta con tu sangre,*
*y escribe las enseñanzas del Maestro.*

Una vez realizadas las definitivas aclaraciones de los grandes principios en los que se basa la moral budista, Siddhartha Gautama, el Iluminado, se dedicó a estudiar la forma más adecuada de ponerlos en práctica.

Cualquier enseñanza carece de valor si no es capaz de anclarse en lo cotidiano y horadar la coraza de los hábitos humanos para imponerse y dinamizar una trayectoria humana.

Pero una cosa es querer dirigirse a todos los seres y mostrar a cada uno el camino que lleva a la liberación —una idea grande y noble— y otra muy distinta, alterar la estructura de castas que existían en la India en el siglo VI a. de C.

## UNA PESADA HERENCIA

En el momento en que el primer budismo abre un espectacular paso en el universo espiritual de la antigua India, la sociedad hindú está todavía organizada en una serie de grupos humanos, muy celosos de sus privilegios y de su identidad cultural. Literalmente se trata de dos universos que se afianzan en la misma tierra, pero sin llegar a compenetrarse: por una parte, están los hombres «comunes», pertenecientes a todas las castas, desde los kshattryia hasta los sudra, y, por otra, los brahmanes.

Antes de la llegada de Buda cada uno estaba cerrado en su mundo, con sus ideas y una personal concepción de la sabiduría. Los brahmanes, como intermediarios de lo divino, oficiaban sacrificios rituales y se investían de un considerable poder: los *kashattryia*, los *vaisya* o los *sudra* no estaban motivados para abandonar la pasividad. Entre ellos no se hablaba de una individualidad capaz de determinar la trayectoria del hombre. La fuerza, y al mismo tiempo esa especie de muerte viviente de la India, residía en un espíritu colectivo, que despreciaba cualquier porvenir que esperar y que no cuidaba los recuerdos del pasado.[42]

---

42. MAURICE PERCHERON: *op. cit.*

En cuanto a los yoguis, que llevaban a la práctica un procedimiento un poco más individual, no ofrecían demasiadas esperanzas, porque sus investigaciones meditativas les llevaban sobre todo a una purificación espiritual, lo que eliminaba toda posibilidad de afirmar socialmente su identidad.

## Privilegiar el conocimiento del hombre

Cuando pone en evidencia el sufrimiento del hombre, Buda no sólo hace desaparecer a los dioses y que su papel resulte inútil, sino que conduce el pensamiento humano hacia la consideración de las cosas más cercanas: de nada sirve tratar de conocer el origen de los mundos y la organización del universo en abstracciones intelectuales elitistas; lo que cuenta es el hombre y, tan sólo a su nivel, debe hacerse florecer el conocimiento a fin de que este posea un valor real. En consecuencia, la enseñanza debe ser práctica y asimilable por la mayoría.

Buda es sobre todo un innovador, que concibe el absoluto, nacido para trastocar las antiguas concepciones y mostrar al mundo la dimensión real de la trayectoria humana. Es un pensador, en la más pura definición del término. En su esencia profunda lo que contempla está demasiado arriba y excesivamente lejos para que sea verdaderamente un pedagogo al uso. Sí, Buda transmite su palabra a un círculo de discípulos, pero dicha difusión no se adapta a las masas de la antigua India. Su misión consiste en abrir el camino que conduce al despertar, dar la llave para entrar en el universo de la revelación y del alivio.

## SÂRIPUTRA, EL MAESTRO DE LA ENSEÑANZA

Un discípulo de Buda emerge rápidamente de entre el círculo de los fieles y pasa a un primer plano para llevar a cabo el papel de divulgador de la doctrina. Se llama Sâriputra. Originario del reino de Magadha y nacido en una familia de brahmanes, enseguida se consagra a la vida religiosa, lo abandona todo para seguir a Buda y recibe a su vez la iluminación. A partir de ese momento asiste al Maestro y asume la labor de difundir sus enseñanzas.

Sâriputra es el sabio por excelencia. Sus contemporáneos no tardarán en reconocerle su gran erudición y su aguda inteligencia. Su valor es tal que muy pronto será considerado como el fundador del budismo. Dotado de un gran sentido práctico, vislumbra enseguida las orientaciones concretas necesarias para la organización de una enseñanza completa, de gran enriquecimiento. Gracias a él, la práctica de la sabiduría se impondrá como único medio para alcanzar la salvación.

## EL CAMINO DE LA SABIDURÍA

El primer hecho evidente, en lo que se refiere a la sabiduría según la concepción budista, es que nadie puede pretender obtenerla sin el respeto escrupuloso a una línea de conducta. Esta encuentra su expresión más concreta en abstenerse, en todas las ocasiones, del más mínimo acto malvado o negativo generado por el cuerpo, por la palabra o por la mente. Ello significa que es necesario renunciar a tales actos de manera clara y consciente. En cierto sentido se trata de una purificación general que tiene por objetivo volver a centrar al ser en el verdadero sentido de la trayectoria humana: su liberación del ciclo de las muertes y los renacimientos.

El asceta que emprende el camino de la sabiduría debe adaptar a lo cotidiano todas las reglas que proceden de la cuarta parte de las «santas verdades», que se han expuesto en un capítulo anterior y que aquí recordamos de manera sumaria: «He aquí, oh, monjes, la noble verdad sobre el camino que lleva a la supresión de todo sufrimiento: se trata del óctuple sendero; recta comprensión, recto pensamiento, recto hablar, recto actuar, recto modo de sustentarse, recto esfuerzo, recta concentración, recta meditación».

La *recta comprensión* es una visión global y luminosa, resultante de un profundo análisis que desemboca en una total liberación del espíritu. El saber toma el lugar de la duda y de la ignorancia.

El *recto pensamiento* es aquel que, liberado de cualquier deseo, se separa del mundo y procede en paz por el camino del despertar.

El *recto hablar* es sinónimo de renuncia a la mentira, a la maledicencia, a todo aquello que con el lenguaje podría provocar o alimentar el odio, la enemistad, la discusión, el desacuerdo; esto también significa abstenerse de un lenguaje inconveniente, marcado por la dureza, la brutalidad, la falta de respeto, la malevolencia o la injuria.

El *recto actuar* se inserta en un benévolo pacifismo, sean cuales sean las circunstancias. En todo caso, no deberá abandonarse nunca a terribles excesos como el hurto, la deshonestidad, los abusos sexuales y el homicidio.

El *recto modo de sustentarse* lleva al asceta a ganarse la vida y a vivir con medios justos y honorables. Es el resultado de la acción recta y tiene como objetivo el desarrollo de una existencia sana y armoniosa.

El *recto esfuerzo* es la expresión de una firme voluntad, que tiende de manera constante hacia la purificación del espíritu. Se distinguen cuatro tipos: el esfuerzo de evitar (contra los malos estados del espíritu); el de superar (contra las nefastas inclinaciones preexistentes en el hombre); el de desarrollarse (especialmente en lo referente a las buenas disposiciones del alma), y el de mantenerse (para perfeccionar e intensificar lo positivo que ya está presente en el individuo).

La *recta concentración* no es otra cosa que la toma de consciencia, bajo el fárrago de las apariencias, de la verdadera naturaleza de las cosas.

Teniendo en cuenta todo lo mencionado respecto a las falsas apariencias de las que estamos rodeados, se comprenderá con mayor facilidad la preponderancia de este aspecto concreto de la ética budista. Debemos recordar que el hombre se cree aquello que no es, que en él no existe nada que sea permanente y que deriva de la sucesión de estados temporales que se anulan uno tras otro.

Para quien desea huir del ciclo de muertes y resurrecciones sólo existe un camino, el reconocimiento del no-ser, que permite no apegarse a las cosas materiales y, por lo tanto, no crear sensaciones ni deseos. Para un planteamiento de este tipo hay cuatro orientaciones posibles:

— la atención al cuerpo (cómo se forma y desaparece, lo que implica separarse progresivamente de las ideas de propiedad y de materia);
— la atención a las sensaciones y a las emociones (con un cuidadoso análisis de las dimensiones positivas y negativas que conlleva de manera inevitable el alejamiento de ellas);
— la atención a la actividad del espíritu (que provoca la toma de consciencia del peso real de la actividad mental en nuestro modo de proceder cotidiano y conduce a una liberación de las pasiones);
— la atención a los fenómenos (que lleva a comprender que todas las ideas, los pensamientos y otros fenómenos no tienen nada de duradero y están destinados a desaparecer como todo lo demás).

La *recta meditación* es la única que permite acceder al conocimiento.

Además de la observación de las reglas precisas y el sometimiento a una fuerte disciplina personal, la sabiduría se adquiere principalmente con la concentración y la meditación. Al centrar su atención siguiendo una práctica codificada, el adepto puede abandonar las tensiones y llegar a una profunda paz interior.

Dicho de esta forma parece fácil, pero alcanzar este nivel de sabiduría y de separación está reservado únicamente al hombre ideal, el *ârhat*[43] o sabio integral.

La concentración requiere los siguientes tres planteamientos:

— Las ocho grandes meditaciones, denominadas *dhyâna*: sirven para trascender todo aquello que deriva en el hombre de lo sensorial. Se inician con la concentración sobre un objeto y el abandono de cualquier pensamiento que distraiga. Después, poco a poco, a partir del cuarto dhyâna, el practicante supera lo material para alcanzar niveles de consciencia más elevados, sin «formas» ni referencias a lo material, sin límites en el espacio. En este estado, cercano al coma, el que medita toca el nirvana «con su cuerpo». Ya no existen movimientos ni palabras ni pensamientos, y seguramente ni siquiera una tendencia inconsciente. El yo queda completamente suspendido durante

---

43. Ârhat: de *ari*, «enemigo», y *hat*, «destruir». Por lo tanto, «aquel que destruye las propias pasiones».

toda la meditación; solamente el calor corporal y los latidos del corazón constituyen indicadores que el asceta está todavía vivo.

— Los cuatro ilimitados parten de un método más emocional y pueden iniciar generalmente el tercer dhyâna. Son la amistad, la compasión, la simpatía y la igualdad; su práctica permite alejarse de los otros.

— Los poderes ocultos derivan de notables poderes psíquicos con los que se puede alcanzar una vida espiritual purísima.[44]

El camino de la sabiduría conduce al conocimiento, que sólo puede alcanzarse en el nivel más alto de la meditación.

A quien se eleva hasta él, se le ofrece una visión completa de todo cuanto existe: el dominio del samsâra, todos los círculos del mundo y los caminos del renacimiento, las causas y el desarro-

---

44. La experiencia de los niveles de meditación ha permitido captar tres niveles del yo: primero, el yo en cuanto cuerpo físico; segundo, el yo como cuerpo espiritual, separado del cuerpo físico durante la meditación, «como una rama del tallo», que pertenece al reino de las formas ultrasensibles; tercero, el yo sin contornos, que constituye la consciencia y pertenece al espacio infinito del éter. Parece claro que cada uno de estos yoes corresponde a un nivel de meditación. Tiene valor por sí mismo, pero no existe en sí. Ningún yo se presenta como yo propio.

llo del sufrimiento, pero también el sendero de su liberación.

Así pues, el conocimiento es la extrema realización de la vida espiritual, la iluminación del pensamiento.

# Tercera parte

# La difusión
# de la doctrina

# El impacto del budismo

*No es el perfume de la raíz, del tallo y de la flor*
*lo que podría ir contra el viento y extenderse.*
*Es sólo el perfume del hombre y de la mujer*
*bien purificados por los preceptos*
*lo que en un sentido y en otro llena todas las direcciones*
*y se extiende siempre por todas partes.*

Lo hermoso del viaje, sea cual sea y lleve a donde lleve, es dar otra dimensión a un ambiente, mirar con otros ojos el universo, a los demás y a uno mismo. Cualquier viaje, bajo la apariencia de algo a veces superficial, es de hecho un medio de afinar nuestra percepción del tiempo y del espacio.

Lo que vamos a llevar a cabo ahora, con un salto de veinticinco siglos hacia atrás, no es diferente. Se entiende que adopta la forma de unas palabras que serán más o menos evocadoras según la receptividad de cada uno, o dibujarán unas imágenes que serán precisas según la capacidad del lector para abstraerse del presente; detrás de ellas aparece una de las realidades humanas y espirituales más concretas, que millones de hombres han experimentado en el curso del tiempo, desde los días en que Siddhartha Gautama se durmió por última vez hasta estos primeros años del siglo XXI.

Tal aproximación se revela mucho más esencial y fructífera en cuanto que muchos descubrimientos nos demuestran en la actualidad que no existe ninguna civilización que no haya intentado de manera incansable comunicarse con el universo, con el objetivo final de una verdadera paz interior del individuo.

Indiscutiblemente, el budismo ha abierto una vía en esta dirección, y ha establecido preceptos y enseñanzas de alto valor espiritual. Esto sucede hasta tal punto que hoy en día podemos considerar, después de tantos siglos transcurridos para legitimar nuestro juicio, que la antigua India fue realmente la cuna de un pensamiento «renovador» en el sentido más moderno del término. A partir de este gran fermento creativo floreció el más hermoso regalo que pueda ofrecerse a los hombres: la capacidad que tiene cada uno de relacionarse directamente con lo divino y, sobre todo, de acceder a una formación espiritual digna de este nombre.

Esta era la respuesta a la esperanza de la sociedad hindú de la época, pero también, como veremos enseguida, a una necesidad profunda y visceral de todos los hombres en todos los tiempos.

# El budismo en la antigua India

Para comprender cómo nació la sociedad budista, o *sangha*, y de qué manera pudo extenderse de forma progresiva por el país para difundirse después más allá de sus fronteras, es necesario recordar cuál era el tejido social de la India del siglo VI a. de C.

Ya hemos visto varias veces de qué modo el sistema de castas había instaurado con los siglos un verdadero dominio de los sacerdotes brahmanes sobre el resto de estratos sociales. Esta organización, fuertemente arraigada incluso en el espíritu de los individuos, no desaparece de improviso por un golpe de varita mágica. Se necesitará tiempo para refrenar la fuerza de la inercia de unas concepciones y tradiciones seculares.

Buda comprendió esto la mañana siguiente a su iluminación, y ello le creó una gran perplejidad; de inmediato se dio cuenta de que una gran cantidad de personas, a las cuales podía hacer conocer su mensaje, no admitirían que este lleva la liberación a los hombres sin hacer distinción de su origen. A partir de esta evidencia nacerá un serio interrogante: ¿es necesario hablar o no?

Después de muchas dudas, Buda decide transmitir lo que ha comprendido, pero no se dirige a las multitudes, que en aquel momento, como él bien sabe, rechazarían su mensaje. Revela su experiencia a cinco monjes que se habían unido a él, ya que estos eran los únicos que estaban preparados intelectualmente para recibir sus ideas.

Este procedimiento se convertirá, más o menos, en una de las características del budismo: no imponerse, sino dirigirse con dulzura y sin agresividad a quien pueda entenderlo. La divulgación de las ideas budistas se hace de manera progresiva, como por grados, y parte de los individuos intelectualmente más receptivos para conquistar después a las gentes.

## EL BUDISMO EN LA SOCIEDAD HINDÚ

Desde los primeros tiempos de difusión de las ideas del Despierto es lógico que la sociedad india sea el ámbito de expresión del budismo. Bajo la dirección de Sâriputra y de los discípulos más cercanos a Buda, se pone en marcha una organización capaz de responder a las urgentes esperanzas de la mayoría de los conversos, cada día más numerosos.

Esta orientación no presupone una voluntad de transmisión elitista. Si la doctrina budista abre el camino a todos los hombres, principalmente laicos, está claro que, para que pueda comprenderse y asimilarse perfectamente, necesita un compromiso total por parte del adepto: las exigencias de la moral budista, que señalan el camino hacia la sabiduría, requieren un rigor y un compromiso continuos. El monacato es, pues, lo más indicado. Por esta razón el primer círculo de discípulos lo constituyeron monjes.

## LOS BUDISTAS RELIGIOSOS Y LA VIDA MONÁSTICA

Aquellos que se unen al Maestro y contribuyen al nacimiento del budismo no conciben su misión si no están a su lado. Al empaparse continuamente de su enseñanza, lo siguen de una ciudad a otra, descansando y meditando con él en jardines y parques, y mendigando en los centros urbanos para sustentarse. Dentro de las búsquedas de lo absoluto en el camino de la luz, sienten un ferviente deseo por quedarse lo más cerca posible de aquel que por primera vez encontró la verdad, la liberación y la iluminación.

En su origen, la comunidad budista tiene los aspectos de una confraternidad; está compuesta por monjes mendicantes que han renunciado a ejercitar el sacerdocio y enseñan el camino de la salvación con su propio ejemplo.

Pero antes de alcanzar este estadio es necesario superar diversas etapas, la primera de las cuales es la conversión. Uno no se hace monje de un día para otro; hay unos pasos previos que todo aspirante debe respetar.

La primera condición es formar parte de los privilegiados a los que Buda se dirige para transmitirles su mensaje de despertar. En todas las ocasiones, el Maestro sabe reconocer el valor de quienes le escuchan e identifica en cada uno de ellos, por medio de la palabra, aquello que será más útil. En diversas ocasiones no tratará de iluminar a alguien al que le han recomendado, pues sabe con certeza que dicha persona no tiene la suficiente apertura intelectual, no busca la espiritualidad y, por lo tanto, no está preparada para recibir su enseñanza. Dicho de otro modo, esa persona no reúne las condiciones para su salvación.

El sorprendente talento pedagógico con el que Buda sabe adaptarse enseguida al nivel de uno o varios de sus interlocutores es constante en los numerosos textos redactados más tarde por sus discípulos. Se le atribuyen más de ochenta y cuatro mil formas diferentes de enseñar adoptadas a lo largo de su vida, así como otras tantas indicaciones particulares que deben ayudar a cada uno a encontrar su propio camino hacia la iluminación, en función de su nivel intelectual y espiritual: «Oh, monjes, mucho es lo que he aprendido, muy poco lo que he enseñado. Sin embargo, no he hecho como los maestros que cierran el puño y custodian sus secretos, porque yo os he enseñado todo lo que os era útil. Os he enseñado las cuatro verdades, pero no os he enseñado lo que para vosotros era inútil».

Para quien recibe la palabra del Maestro en perfecta consciencia y sabe extraer de ella todos los frutos, llega el momento de pasar a la acción. Pero tampoco aquí hay que apresurarse: es necesario dejar que las afirmaciones de Buda tengan tiempo para dar su fruto. Por ello la ordenación del monje se realiza en dos tiempos.

El primer nivel, o *pravajyâ*,[45] confirma la decisión del postulante —que no puede tener menos de dieciséis años— de no seguir viviendo en el mundo de los laicos, sino que se consagra a una

---

45. Pravajyâ: salida de la vida temporal.

existencia monástica dedicada por entero a los preceptos de Buda.

La ceremonia de entronización se desarrolla invariablemente según unos principios bien definidos. Todavía vestido con los hábitos de laico, el aspirante se presenta en compañía de su maestro ante la asamblea de los monjes. Lleva en los brazos el vestido amarillo de monje mendicante. Ante los religiosos pide humildemente que lo admitan en su comunidad en calidad de novicio. Con el más puro respeto por las convenciones se compromete después a considerar sólo los «tres refugios» del budismo: «Pongo mi confianza en Buda, pongo mi confianza en la Ley, pongo mi confianza en la Comunidad».

Entonces el joven postulante supera un nuevo paso decisivo: hace voto de respetar al pie de la letra los diez preceptos en los que se apoya la ética de la comunidad budista:

— no destruir la vida;
— no robar (se considera hurto apropiarse de todo lo que no se les haya dado);
— no realizar fornicación ni cualquier otra impureza;
— no mentir;
— no tomar licores fermentados, alcohol o bebidas fuertes;

— no comer en las horas prohibidas (después de mediodía);

— abstenerse de bailes, cantos y espectáculos;

— no ornamentar o embellecer la propia persona con guirnaldas, perfumes o ungüentos;

— no hacer uso de una cama, o un asiento elevado o espacioso;

— no aceptar oro ni plata.

Cuando la asamblea de los monjes acepta la petición, el novicio comparte la vida con su maestro durante las semanas, los meses o los años siguientes. Día tras día, como ya está inserto en lo atemporal, la rutina se prolonga hasta el infinito: la mañana se consagra a la mendicidad para procurarse algo con que alimentarse en la comida; después de mediodía, ya se halle en un jardín o en un pueblo, en la espesura de un bosque o en un monasterio, el novicio recibe la enseñanza de su maestro y se dedica a la contemplación.

Este periodo de noviciado y de instrucción es más o menos largo, según el ritmo de evolución del alumno. En el mejor de los casos se debe calcular por lo menos cuatro años ininterrumpidos de aleccionamiento, de aplicación práctica constante, a fin de que el novicio asimile las bases fundamentales del budismo, se comprometa en el camino de la renuncia y esté ya capacitado para acceder a la siguiente etapa.

Entonces llega el momento de la segunda ordenación, el *upasampadâ*,[46] que consagra la verdadera entrada en la orden monástica budista del novicio. Este pide a la asamblea que ratifique definitivamente su ingreso en la comunidad; comparece de nuevo ante los ancianos, esta vez acompañado de dos personas, una de las cuales es obligatoriamente el maestro que lo ha formado y que responde de la buena fe y de la rectitud de las intenciones de su discípulo. Se trata de un auténtico examen, durante el cual el novicio debe demostrar que reúne las condiciones necesarias para formar parte de los monjes confirmados, pero también que responde a determinados requisitos indispensables:

— no estar enfermo;
— gozar de plena libertad (no ser siervo, deudor, minero o soldado);
— tener el permiso de sus padres;
— tener veinte años cumplidos;
— poseer los tres vestidos y la escudilla para la limosna.

---

46. Upasampadâ: llegada a la orden.

Si el aspirante responde correctamente a estos imperativos, se le admite en calidad de *bhikshu*.[47]

Como ya hemos visto antes, cualquier adepto debe obedecer los diez preceptos del budismo. Pero, para reforzar aún más tales exigencias, todas las transgresiones de estos preceptos se han detallado, rubricado y codificado en el *Pâtimokkha*, que incluye casi doscientos cincuenta artículos y establece todos los aspectos de la vida monástica, desde el alojamiento hasta las vestiduras, la nutrición y las relaciones con los demás monjes o con los laicos.

El *Pâtimokkha* establece una lista de ocho categorías de culpa contra las reglas monásticas:

— las que causan la expulsión (relaciones sexuales, hurto, homicidio, vanidad);
— las que debe juzgar la comunidad solemnemente reunida (falsas acusaciones, disensiones en la comunidad, etc.);
— las que se prestan a equívoco (situaciones ambiguas, que no afectan directamente a la responsabilidad del monje);

---

47. Bhikshu: esto representa la segunda y última parte de la conversión, la ordenación en tanto que bhikshu nunca es definitiva. El alejamiento espontáneo o la exclusión por una transgresión grave de los preceptos del budismo siguen siendo posibles.

— las sujetas a la confesión y al abandono de un objeto indebidamente obtenido (tiene que ver con todo lo que el monje ha recibido o adquirido: diez reglas conciernen a los vestidos, otras diez al uso del dinero y del material que sirve para fabricar una alfombra o una estera, otras diez a la escudilla de pedir limosna y a los mendicantes, etc.; todas tienen como objetivo garantizar la pobreza del monje);

— las que llevan a la confesión (se refiere a las relaciones y las reglas de vida entre los monjes);

— las que comportan la declaración (en número de cuatro, relativas a la manera en que un monje puede recibir alimento);

— los preceptos de buena conducta (concernientes al modo de caminar, vestirse, comer, hablar, etc.);

— las que tienen como consecuencia la serenidad (ligadas al modo de encontrar el apaciguamiento después de una transgresión de las siete categorías anteriores).

Además de los trabajos espirituales, que ocupan gran parte de su tiempo, la vida de los monjes está marcada regularmente por unas ceremonias que tienen la finalidad de reforzar la cohesión de la comunidad budista. Dos veces al mes, con la luna nueva y con la luna llena, se reúnen para llevar a cabo un día de ayuno y de estrecha observancia de los principios búdicos, en el curso de una ceremonia de confesión, el *posadha*. Esta procede invariablemente de la misma concatenación que lleva a los monjes a recitar de manera sucesiva las ocho partes del ritual de la confesión: interrogatorio, introducción, pecados capitales, culpas castigadas con la exclusión temporal, pecados inciertos, culpas que causan la expulsión definitiva, los noventa y dos pecados que dan lugar a la confesión y a la absolución, y los otros cuatro que las exigen. Este ritual es uno de los medios puestos en marcha por el budismo para controlar el fuego de las pasiones en los adeptos y apagarlo poco a poco.

Día a día, las principales ocupaciones tienen que ver con la recitación en común de los textos sagrados, la exposición de la doctrina a los fieles y la participación en las fiestas religiosas. Entre estas últimas, las más importantes son las asambleas generales, o *sanghakama*, y la *pravâranâ*, que celebra el final de la estación de las lluvias.

Desde sus inicios, la comunidad de los religiosos mendicantes es errante. Sólo lleva una vida sedentaria en la estación de las lluvias, cuando es imposible desplazarse en buenas condiciones.

Ante las crecientes demandas, Buda se encontró ante un problema espinoso: ¿se debe permitir o no a las mujeres la pertenencia a esta comunidad? En absoluto, la propia esencia de la doctrina supone una respuesta clara y neta: el deseo y la satisfacción de los apetitos sexuales son el origen de la vida y, por lo tanto, de la encarnación, precisamente aquello que el monje trata de evitar. Por ello, la presencia de las mujeres constituye un peligro para la comunidad.

El Maestro siguió durante mucho tiempo poniendo en guardia a sus discípulos contra la fascinación y la seducción de las mujeres. No simbolizan la liberación, sino, por el contrario, el apego a la carne, la vuelta a la vida que el budismo considera como el origen de todos los sufrimientos.

Sólo más tarde, y con muchas reticencias, aceptará[48] que las mujeres puedan convertirse en religiosas mendicantes, o *bhiksuni*, y la primera de ellas será su tía, Mahâ-Pajâpatî, que lo había criado tras la muerte de su madre.

Esta «apertura» se acompaña con una notable rigidez de las reglas y restricciones para las mujeres; la más elemental de ellas es que las monjas

_____

48. Obligado por las continuas peticiones de mujeres sinceramente devotas del budismo, así como por algunos de sus discípulos más allegados, Buda cedió de mala gana porque veía en esta apertura un debilitamiento de la comunidad, ya que existía el riesgo de que desapareciera.

deben inclinarse ante un monje, ponerse en pie cuando lo vean y saludarle con las manos juntas, sea cual sea su edad o antigüedad.

Desde entonces se desarrollan las comunidades de monjas budistas, sin que nunca lleguen a ser muy importantes. Se esfuerzan en organizar la vida monástica, tanto en la prescripción de reglas de conducta como en la orientación del pensamiento. Actos y pensamientos son benéficos *(kusala)* y maléficos *(akusala)*; los primeros ayudan a aliviar el sufrimiento de la vida terrenal, los segundos lo aumentan. «La fuerza reside en debilitar de manera sistemática la influencia de las cosas que retienen al individuo en el camino de la inmortalidad que ha perdido por el simple hecho de renacer; también está dirigida a controlar los procesos mentales mediante la meditación sobre sí mismo».[49]

De la doctrina budista emergen tres reglas fundamentales que constituyen el emblema de la vida monástica:

— el derecho a poseer únicamente los objetos rituales: tres capas de vestuario, una navaja de afeitar, agujas, un filtro, un abanico, el cintu-

---

49. MAURICE PERCHERON: *op. cit.*

rón, la escudilla para mendigar y la olla de madera;

— el apego a la no violencia: «Mi pensamiento ha viajado en todas direcciones a través del mundo. No ha encontrado nada que fuese más querido para cada ser que su yo... Dado que su yo le es querido a los demás como a cada uno el suyo propio, entonces quien desea su propia felicidad no le hará violencia a otro». En consecuencia, el monje budista se abstiene de comer carne y, en general, cualquier cosa que haya muerto;

— el celibato: es imperativo para el monje no tener relaciones sexuales, para evitar cualquier forma de apego, tanto a la mujer como al niño que podría nacer de dicha unión, dado que el afecto absorbe una gran cantidad de energía psíquica, necesaria para la meditación.

## LOS BUDISTAS LAICOS Y LA VIDA SOCIAL

La dinámica evolutiva del budismo, más que cualquier otra religión, afirma su expresión más ferviente y auténtica en la vida monástica, pero también en los laicos. Esto se explica por el hecho de que el budismo, por mucho que pueda parecer riguroso para unos puristas como los monjes, en realidad no comporta ningún rito, sacramento o fórmula concreta afín a una religión «clásica».

A cada uno se le ofrece la libre elección de conformarse con las prescripciones morales y de adherirse a las enseñanzas de Buda según el nivel de compromiso del que sea capaz. De esta manera, entra a formar parte de la comunidad budista, pero lo hace parcialmente si no puede cortar los vínculos que le unen al mundo temporal.

Conforme el grupo de fieles que lo circunda se amplía, Buda dirige su mensaje tanto a los monjes que lo acompañan como a los fieles laicos —los *upâsika*—, que cada día son más numerosos y van a escucharlo por todos los lugares por los que pasa. Los laicos tienen, efectivamente, un papel esencial en la comunidad: menos avanzados en la vida espiritual, tratan de preparar su ingreso en ella, que les permitirá llegar al nirvana en una existencia futura; y dado que por el momento aún no son capaces de entrar en ella, se cuidan del bienestar material de los monjes que lo han abandonado todo para seguir a Buda. Esta es una de sus mayores contribuciones a la vida de la comunidad.

Esta actividad asistencial permite a los laicos —hasta ese momento limitados a su cuidado espiritual— ir acrecentando su karma positivo, que será de mucha utilidad en sus próximas existencias para poder acceder a la vida monástica. No existe ninguna duda: solamente la renuncia total —la del monje mendicante— conduce a la liberación. Ayudarlos con limosnas de cualquier tipo puede contener la promesa de una recompensa en el futuro, pero nada tangible y concreto en el presente.

Incapaz de liberarse de la carne, del deseo y, por lo tanto, del sufrimiento, el laico se prepara para una buena reencarnación futura. Por esta razón ofrece dones, asiste a las prédicas, pone flores, velas e incienso ante la efigie del Perfecto, o participa en ciertas fiestas budistas. En cierta manera, absorbe poco a poco las enseñanzas, en la espera de poseer la voluntad necesaria para decidirse a dar el gran paso que supone la renuncia total. Si bien no pueden participar en la vida de la comunidad religiosa, se anima a los fieles laicos a que mediten lo más a menudo posible y a que respeten los cinco preceptos abreviados, enunciados por Buda para ellos.[50] Es cierto que nunca podrán disponer de la concentración y del poder mental

---

50. No destruir la vida; no robar; no realizar fornicación o cualquier impureza; no mentir; no hacer uso de licores fermentados, alcohol o bebidas fuertes.

que ofrece la vida monástica, y por lo tanto no alcanzarán el nirvana,[51] pero pueden, en la medida de lo posible, prepararse para el día en que tengan la fuerza necesaria para cruzar la puerta que conduce al despertar.

## UNA COMPLEMENTARIEDAD ENRIQUECEDORA

La comunidad se nutre, en su conjunto, de la complementariedad existente entre los budismos monástico y laico. Los hombres que siguen comprometidos con la vida social satisfacen las necesidades de los monjes y tratan de ayudarles procurando reducir al mínimo sus problemas materiales, a fin de que estos puedan consagrarse plenamente a las prácticas de acercamiento al despertar.

En cuanto a los religiosos, su papel es mucho más complejo. Si se tiene en cuenta su saber, tienen la misión de ayudar a los laicos a alejarse del vicio y cultivar la virtud. Deben, por lo tanto, impartir una enseñanza que abra las mentes de estos a la realidad del mundo. Mediante consejos, lec-

---

51. Nirvana se traduce como *nibbana* en lengua pâli; esto explica por qué se habla de *budismo nibbánico*, para los religiosos, y de *budismo kármico*, para los laicos.

turas y conversaciones, incluso les aclaran sus dudas y responden a sus preguntas de orden espiritual. En otras palabras, abren sus caminos a una futura liberación.

Este equilibrio relativo durará toda la vida de Buda, pero su desaparición física marcará un giro en el budismo. El Maestro ya no estará allí físicamente, su ejemplo ya no se ofrecerá a la vista de los discípulos e inevitablemente surgirán disputas acerca de las orientaciones que deben privilegiarse en el futuro.

Comienza una nueva era: el budismo acaba de entrar en la historia.

# La evolución
# del budismo en la historia

*Después de mi muerte,*
*mantened vuestra isla para vosotros.*
*Que sea vuestro refugio;*
*no habitéis ningún otro.*

El tiempo da la verdadera dimensión al más mínimo acto, al más pequeño pensamiento, conforme pasan los días, las semanas, los años, las décadas y los siglos. No hay nada que no pase por su filtro generador de impalpable verdad. Con idéntico rigor purificado, revela los fragmentos de lo esencial y oculta lo artificial.

El tiempo, que corre de manera inevitable, es el juez de las ideas de los hombres. Puede consagrar aquello que se creía ínfimo o lanzar al olvido lo que se pensaba que era grande.

Por ello siempre es necesario esperar antes de aventurar un juicio. Que el tiempo haga su trabajo, extirpe lo mejor y oculte lo demás en el olvido.

En este sentido, el viaje que hemos emprendido hacia las fuentes del budismo evoca una realidad ejemplar. Al olvidar el presente, hemos vuelto atrás en el tiempo, hemos superado veinticinco siglos para poder encontrar a un hombre y a su luminoso pensamiento, y para verificar de qué manera el soplo que lo ha animado es el mismo que nos hace vivir hoy en día. La claridad de su espíritu y sus decisiones de visionario no han perdido ni un ápice de su agudeza.

Han transcurrido dos mil quinientos años desde este periodo que hemos examinado con rapidez, con sus numerosas e imaginables inestabilidades, con las tentaciones de extravío o de recuperación que han podido concebir los espíritus humanos.

Sólo nos falta un hecho: contra viento y marea, a despecho de traiciones y de excesos, desviaciones y adaptaciones, el budismo ha atravesado todas las épocas. El pensamiento del Maestro se ha revelado lo bastante poderoso y lleno de absoluto para abrirse camino en los tiempos difíciles, y a veces oscuros, y llegar hasta nosotros —en pleno siglo XXI— con su mensaje de luz.

Ciertamente, el budismo originario ha sido cuestionado en sus aplicaciones prácticas, se ha adaptado y se ha reanimado con nuevas aportaciones en su organización religiosa, pero la palabra de Buda ha permanecido actual y penetrante, porque tenía en sí algunas respuestas para los hombres que desean enriquecer su espíritu.

## LA MUERTE DE BUDA

Poco antes de la desaparición de Buda, sus más fieles discípulos empezaron a pensar en la sucesión. Varias veces, Ânanda, el primero de ellos y el preferido del Despierto, le preguntó cuál debería ser la conducta, la vida que debía seguir la comunidad, y lo invitó a designar, si era posible, un sucesor.

Pero Buda rechazó siempre entrar en este juego y solamente respondió: «Oh, Ânanda, ¿qué espera de mí la comunidad? Si no he querido nunca dirigirla ni someterla a mis enseñanzas, no tengo instrucciones que dejarle. Mi vida llega a su fin; después de mi muerte, mantened vuestra isla para vosotros. Que sea vuestro refugio; no habitéis ningún otro».

El mensaje era claro: como huella de su paso, el Maestro no deseaba dejar en herencia nada más que la ley, el Dharma, por el cual cada uno era responsable de dirigirse al despertar de la misma manera que él había hecho. Esto significaba simplemente que, a sus ojos, lo que podía ayudar al hombre a liberarse, a salvarse, a poner fin al ciclo de los renacimientos y al sufrimiento, se encontraba en la ley, en la organización y en la práctica de la comunidad.

Buda no había hecho otra cosa que predicar durante más de cuarenta años que «todo lo que está compuesto está destinado a la destrucción», insistiendo en el carácter pasajero de cualquier cosa y en la fundamental falta de permanencia; sin embargo, quienes lo habían flanqueado durante todos aquellos años habían establecido un vínculo con él. ¿Cómo no sentir un ilimitado reconocimiento y un verdadero afecto por el Ser de Luz al que se ha acompañado durante todos los días? Si bien habían llegado poco a poco, a fuerza de ejercicios y de prácticas ascéticas, a alejarse de cualquier deseo, los discípulos del Maestro estaban unidos a él. Él era el sol, el tutor de sus vidas. A pesar de su concentración en la doctrina y en las reglas de la comunidad, su desaparición iba a provocar una dolorosa incertidumbre en sus vidas.

EL RESPETO A LA DOCTRINA Y LOS PROBLEMAS DE SUCESIÓN

Cuando Buda abandonó su encarnación humana para conseguir alcanzar el perfecto nirvana en el

480 a. de C.,[52] su muerte provocó múltiples reacciones, en lo que era un primer presagio de los futuros problemas que iban a producirse.

Los discípulos mejor preparados espiritualmente —aquellos que estaban más cerca del Maestro— vieron con serenidad en esta desaparición la confirmación de que nada dura y todo es perecedero. En cambio, aquellos que todavía no estaban en este estadio de purificación se dejaron llevar por sus sentimientos y expresaron su dolor de manera exagerada.

En cuanto a los laicos, aunque no percibieron de lleno el alcance de esta desaparición, testimoniaron del mismo modo su respeto por Buda. Los nobles no fueron menos y ofrecieron un espectáculo excesivamente desolador: diversos reyes lucharon por las cenizas del Maestro y estuvo a punto de desencadenarse una feroz guerra. Al final, los restos se repartieron y se conservan todavía en monumentos conmemorativos erigidos por siete soberanos, los *stûpa*, para tal ocasión.

---

52. La verdadera fecha de la muerte de Buda no puede establecerse con absoluta precisión; sin embargo, la mayoría de los historiadores está de acuerdo en este año, basándose en los escritos de los discípulos directos del Maestro, las reacciones de los laicos y los tumultos provocados en las esferas políticas.

A lo largo del periodo comprendido entre los años 480 y 340 a. de C. las enseñanzas del budismo comenzaron a sistematizarse y a formar un cuerpo doctrinal que sentó los cimientos de una nueva religión.

Una de las mayores consecuencias de la desaparición de Buda, a medida que fue pasando el tiempo, fue que muchos creyentes colocaron al Maestro en un pedestal y con el paso del tiempo lo deificaron, atribuyéndole cualidades sobrehumanas, alejándolo de manera progresiva de su naturaleza humana y haciendo de él, en suma, un ser superior. En consecuencia, el budismo se hizo accesible a la mayoría, a todos aquellos a los que la vía de la espiritualidad más elevada —la del *árhat*— estaba hasta ese momento vedada.

Mientras existieron discípulos directos para testimoniar y hacer respetar la palabra de Buda, no pudo hablarse de cisma o de desviación. Pero cuando también estos murieron, las cosas se comenzaron a complicar, especialmente en la interpretación y la puesta en práctica de la doctrina.

Nacieron muchas escuelas, llamadas también sectas. Por lo general, consistían en grupos de monjes organizados alrededor de un maestro dotado de una alta elevación espiritual, que tomaba de la enseñanza de Buda aquello que juzgaba esencial y le daba una forma especial, añadiéndole comentarios y especificando a su modo las reglas del código monástico. Este alejamiento progresivo e indefinible llevó enseguida a que cada una de las escuelas presentase un canon diferente de la doctrina budista y reivindicara sus propios textos como los únicos admisibles.

Estas escuelas siguieron estando cercanas hasta el concilio de Pâtaliputra en el año 340 a. de C., que forzó su separación. De este modo el budismo entraba en una nueva era.

## LA ESCISIÓN DE LA COMUNIDAD

El concilio de Pâtaliputra cambió definitivamente el devenir de la comunidad budista. Nadie ponía en discusión las nociones fundamentales del budismo, pero para numerosos monjes el camino de la purificación del ârhat era demasiado difícil; además les parecía elitista, ya que sólo permitía que se salvasen los religiosos, mientras que descuidaba a la gran mayoría de los laicos, a los cuales no les quedaba nada mejor que emprender el camino hacia la liberación. Se trataba de una de las razones que originaron el primer gran cisma del budismo.

El concepto de ârhat —su propia pureza— se puso en discusión y dejó de ser un referente.

El concilio concluyó con la ruptura entre los puristas, totalmente fieles a la tradición, que se reagruparon bajo la denominación de escuela *sthâvira*,[53] y los liberales, afiliados a la escuela *mahâsansghika*.[54] Aquí comenzó la escisión de la comunidad en otras tantas sectas que correspondían a los numerosos maestros espirituales que habían reunido algunos discípulos.

La finalidad que se pretende alcanzar es ahora menos elevada, lejana y abstracta, y la disciplina, menos dura. En poco tiempo el budismo se convierte en algo accesible a un mayor número de adeptos. Ya ha dejado de existir el budismo primitivo, y ha nacido el llamado *budismo de las sectas*. Paradójicamente, lo que parecía ser la escisión de la comunidad y, en consecuencia, un debilitamiento notable, marca por otra parte el inicio de la extensión de la doctrina. Al exaltar la autonomía de pensamiento y de aplicación, las sectas contribuirán a difundir el budismo, que hasta aquel momento había estado concentrado en el nordeste de la India, prácticamente por todo el país. Tras la aparición y la maduración, comienza otra era: la de la divulgación.

---

53. Sthâvira: literalmente, «los antiguos».
54. Mahâsansghika: literalmente, «miembros de la gran asamblea», en referencia al concilio de Pâtaliputra.

No se puede comprender en qué se convertirá el budismo, cuál será su desarrollo en tantos países, si no se delinean antes las grandes corrientes de culto de su mensaje. Si desde el siglo III a. de C. se cuentan más de dieciocho escuelas budistas, las sectas, en realidad, son un fenómeno transitorio que desaparecerá de manera gradual con el paso de los siglos y dejará paso a tres orientaciones principales: *Hînayâna* (Pequeño Vehículo), *Mahâyâna* (Gran Vehículo) y *Vajrayâna* (Vehículo Tántrico).[55]

## Hînayâna o Pequeño Vehículo

Si bien su definición tuvo fuertes connotaciones peyorativas durante los primeros siglos posteriores a la muerte de Buda, con el pretexto de la restricción y del aspecto mísero de esta orientación, el Hînayâna contiene la expresión más pura del budismo originario.

Se distingue por un completo respeto de la doctrina tal y como fue concebida por el Maes-

---

55. En cada una de las tres definiciones se encuentra la base *yâna*, que significa «vehículo»; este último permite que el adepto navegue sobre el río de la reencarnación, atravesándolo, hasta que consiga acercarse a la orilla del nirvana.

tro, al cual no se le venera como a un dios, sino como a un apóstol. En este sentido, dado que ha conservado intactas las opciones originarias de la doctrina purificada del fundador, el Hînayâna se considera, por lo general, como una referencia histórica en materia de budismo.

En el 245 a. de C., en la época del tercer concilio de Pâtaliputra, se redacta el texto definitivo del canon *pâli*,[56] que fija las reglas concernientes a la doctrina y a la disciplina monástica sobre la base de los sermones de Buda. Se trata de una fe esencialmente basada en factores históricos.

El canon está dividido en tres «cestos» *(Tripi-taka)*. El primero es el de la «disciplina» *(Vinaya)*, es decir, las normas referentes a la vida de los monjes;[57] el segundo es el de las predicaciones de Buda *(Sutra)*;[58] el tercero contiene la exposición

---

56. Pâli: dialecto del nordeste de la India, similar al sánscrito.
57. Esta se divide en *Pâtimokka* (confesión pública de los pecados), *Mahâvagga* y *Chullavagga* (normas cotidianas), *Sutta-vibhanga* (comentario de los pecados), *Parivâra* (una especie de catecismo).
58. Se compone de las siguientes cuatro *Nikâya* (colecciones): el *Digna Nikâya* (antología de textos largos), el *Majhima Nikâya* (antología de textos cortos), el *Samyutta Nikâya* (antología varia) y la *Anguttura* (colección menor que incluye quince antologías, entre ellas el *Dhammapâda* con sentencias de Buda).

de la doctrina budista *(Abhidhamma)*. En total, se trata de un conjunto de siete obras de metafísica.[59]

## Mahâyâna o Gran Vehículo

Han transcurrido casi cuatro siglos desde la muerte de Buda cuando, hacia el siglo I d. de C., el mundo budista ve aparecer otro fenómeno. Una serie de sutras redactados en sánscrito empieza a circular por la comunidad. Este hecho no sería anormal dentro de la sangha, si no se desconociese la fuente de los textos. Presentados como referencias, se tiene enseguida la confirmación de que no pertenecen al canon pâli. Se dice que son de origen antiguo, que han permanecido ocultos tras la muerte del Maestro y que reaparecen en ese momento porque la comunidad budista está lo bastante madura como para comprender la enseñanza que destilan.

En realidad, estos sutras son obra de unos comentaristas contemporáneos que desean dar una nueva dimensión al budismo original. No reniegan del canon pâli, pero afirman que la versión

---

59. Henri Arvon: *op. cit.*

conocida hasta ese momento es parcial y que halla su complemento natural en esta aportación en sánscrito.

De esta forma aparece el Mahâyâna —o Gran Vehículo—, que pretende completar y enriquecer la enseñanza que proporciona el Hînayâna, que en ese momento se considera como demasiado limitado.

Esta versión «mejorada» se presenta con un carácter más amplio y humano y, en buena medida, redefine muchos de los puntos esenciales del budismo para sentar las bases de una nueva orientación. Se asiste a una ampliación de la doctrina budista, paralela a su creciente divulgación en la India y en el exterior. Con este movimiento decisivo, el budismo se convierte en una auténtica religión popular.

## UN BUDISMO CON UN NUEVO ROSTRO

En concreto emergieron numerosas diferencias, que se relacionan con la propia ética del budismo y enseguida contribuirán a darle un nuevo rostro. El Mahâyâna pone en tela de juicio las concepciones fundamentales del budismo primitivo y sienta las bases de una nueva jerarquización para alcanzar la salvación:

• Hasta ese momento Buda seguía permaneciendo en una dimensión humana. Pero, poco a poco, se va despersonalizando y acaba por ser deificado. «Este nuevo hecho se expresa en la doctrina de los "tres cuerpos" de Buda, es decir, en sus aspectos humano, divino y cósmico. De aquí en adelante poseerá un cuerpo de creación *(nirmâya-kâya)* en cuanto se encuentra en la Tierra y ejerce una actividad humana; un cuerpo de placer *(sambhoga-kâya)* en cuanto ha entrado en las regiones ultraterrenas y, por último, el cuerpo de la ley *(Dharma-kâya)* en cuanto se ha despojado de toda la personalización y se confunde con el Absoluto que está en la base de todo».[60]

• El objetivo final del budismo primitivo era escapar del ciclo de las reencarnaciones para alcanzar la liberación. El Mahâyâna, sin renegar de esta elección absoluta, propone, antes que buscar la salvación individual, ayudar a los semejantes a prepararse para la salvación. El ideal no es el ârhat que se preocupa sólo de su propio nirvana personal, sino el *bodhisattva*, que, al llegar a los umbrales del nirvana, rechaza entrar en él para salvar a aquellos que ha dejado tras de sí.

---

60. Henri Arvon: *op. cit.*

• También se redefine el concepto de karma, y su implacable rigor queda «aligerado» por los sutras del Mahâyâna. Desde el momento en que los ârhat son sustituidos por los bodhisattva, quienes aceptan sufrir por sí mismos y por los demás, todo es diferente. El individuo ya no es el único que influye sobre su propia trayectoria, sino que espera la ayuda del bodhisattva que decide sacrificarse por la salvación de sus semejantes. Cuando el porvenir del hombre solamente era un asunto que le concernía a él mismo —en el Pequeño Vehículo—, no existía ningún lugar para la ayuda exterior; el Mahâyâna introduce una intercesión superior, deifica a Buda y le quita al karma una parte de su peso.

• Ahora ya no existe una, sino tres vías para alcanzar el despertar: la del Buda (*pratyeka-buddha*), que llega al despertar gracias a su obstinación, pero que sólo se compromete en el nirvana sin compartir el fruto de su experiencia; la del ârhat, que llega al nirvana nutriéndose del mensaje y de la enseñanza de Buda, y, en definitiva, de las narraciones sobre cómo interrumpir los ciclos de las reencarnaciones, y la del bodhisattva, que además de la propia salvación defiende al hombre en la búsqueda de lo absoluto y de la liberación.

## DE LA SALVACIÓN INDIVIDUAL
## A LA CONSCIENCIA DE LOS DEMÁS

La nueva interpretación de la palabra de Buda lleva a la progresiva elaboración de un nuevo objetivo para los adeptos: alcanzar la liberación no deriva ya sólo del acceso al estadio de ârhat ni de la interrupción del ciclo de las reencarnaciones; consiste, más bien, en el deseo de liberarse convirtiéndose en un bodhisattva y, sobre todo —aquí se encuentra la gran innovación— volviendo a la Tierra para ayudar a los demás a liberarse. Esta es la única manera de alcanzar el estado final de Buda.

La idea innovadora es la de aspirar al despertar por sí mismo poniéndose al servicio de los demás, a fin de que también ellos logren alcanzar dicho resultado; si es verdad que todos tienen derecho a la salvación, todos deben poder acceder a ella del mismo modo, por lo que ninguno puede ascender de manera rápida —convertirse en buda— si no se convierte en el salvador de los demás.

Con la finalidad de imponer esta nueva interpretación ética, el budismo Mahâyâna inventa plegarias, deja que se multipliquen las manifestaciones artísticas y crea un verdadero culto ceremonial preciso y complejo.

DE LA RENOVACIÓN A LA PÉRDIDA
DE LA IDENTIDAD BUDISTA

Más allá de las disputas sobre las definiciones o los detalles de las doctrinas, lo que revela de hecho la aparición del Gran Vehículo es más grave de lo que parece. No se trata de una simple ampliación para poner al budismo al alcance de todos, o de una derivación lógica en el curso del tiempo, sino de una auténtica desviación: detrás de las generosas ideas del Mahâyâna aparecen enseguida los primeros signos de recuperación de las formas debidas.

Hay que reconocer que, desde el siglo II a. de C., al abolir las barreras colocadas por el Mahâyana, se abre la puerta al peor peligro: la especulación. Está claro que el budismo invadido por la metafísica no sólo va contra aquello que había preconizado firmemente Buda, sino que lleva a una posición impensable en su tiempo: al dotar de un aspecto filosófico al budismo, el Mahâyâna se vuelve a vincular con las antiguas concepciones védicas y, además, inicia un nuevo florecimiento del brahmanismo. En definitiva, a partir del siglo IV a. de C. la evolución de la doctrina del Mahâyâna, al colocar en el cielo un panteón budista y al divinizar las deidades populares, se configura abiertamente como una adaptación de las especulaciones budistas a una nueva forma de brahmanismo. Será el final de la clara distinción entre brahmanismo y budismo; al volverse metafísico y descendiendo del pedestal en el que se había colocado a Buda y apegándose a las necesidades culturales del pueblo, el Mahâyâna acelera la desaparición del budismo en favor de otras corrientes religiosas entonces embrionarias, como el visnuismo o el sivaísmo. La aparición del esoterismo en el Vajrayâna, o el Vehículo Tántrico, contribuye también a esta dispersión, que ya nada podrá contener.

# La difusión del budismo
# en el mundo

*Podremos ver durante mucho tiempo al Religioso*
*antes de que alcance el nirvana,*
*y cuando haya pasado más allá de todos los miedos,*
*que quede para siempre su amor benévolo*
*que supera el mundo.*

Ya está hecho. Las miras revisionistas del Mahâ-yâna han cumplido su labor. Al ofrecer a las masas indias el acceso a las concepciones y a la práctica budistas, han anonadado la fantástica apertura del pensamiento humano que había representado el primitivo budismo.

Es cierto que el budismo se había difundido demasiado rápido, sin preocuparse de detalles o adaptaciones para el común de los mortales, pero había marcado, respecto a las aproximaciones religiosas anteriores, el camino real de una verdadera purificación del ser y de un renacimiento que se ofrecía a todos los hombres sin distinción de origen.

Vivo durante muchos siglos en la cultura india, el brahmanismo no podía dejar de restaurarse, y no resulta sorprendente verlo resurgir en la estela de los rituales Mahâyâna. Sin embargo, nada será como antes. La trayectoria de la luz de Buda ha iluminado la India como si fuese una estrella caída que deja una huella indeleble a su paso. Aquí se encuentra lo esencial. Aunque todo lo que había previsto el visionario Siddhartha Gautama no se hubiese verificado, la apertura de la conquista era ya algo adquirido. Por mucho que se interprete —o incluso se falsifique— su mensaje, este se había divulgado por todas las provincias y había purificado las antiguas concepciones milenarias con la llama de su generosidad.

Mejor aún, en el curso de la historia servirá de guía para numerosas sociedades que sabrán descubrir en sus textos y en la fuerza de sus preceptos un vínculo inmutable con lo divino y lo sagrado, con la esencia del hombre. Más allá de las elecciones oficiales, de las tentativas de imponer una diversidad doctrinal, el budismo vivirá y se propagará, sustentado por la evidencia, por la indecible necesidad de transmitir el conocimiento y ofrecer la salvación a todos.

## EN LA INDIA

En la India, el budismo conquista poco a poco un gran número de provincias. El Hînayâna encuentra la mayoría de sus adeptos en la parte meridional del país, mientras que el Mahâyâna se asienta en el norte.

Durante el reinado de Asoka Piyadasi,[61] el budismo se difunde verdaderamente por todo el subcontinente indio. Cuando asciende al trono, en el año 273, su reino ocupa tres cuartas partes de la península. Conquistado enseguida por las ideas budistas, el soberano fue el primero en fijar en piedra algunos de los escritos —textos y fechas— del pensamiento budista, los cuales servirán de referencia durante mucho tiempo.

Asoka condena los ritos populares, pero se abstiene de enfrentarse a las castas sobre las que se apoya la jerarquía de la sociedad india. Respeta las sectas y se propone facilitar el despertar de los hombres en su conjunto. Para ello, se muestra bastante generoso y multiplica las iniciativas: crea hospitales, escuelas, monasterios, conventos, hospicios, enfermerías para los animales enfermos;

---

61. Asoka Piyadasi: «Rostro agradable».

no duda en hacer todo lo que puede para mejorar la vida de los peregrinos, preparando lugares de reposo, promoviendo encuentros o haciendo construir refugios para los viajeros.

Pero Asoka mira mucho más lejos. Consciente de la importancia del pensamiento budista, no tiene más que una idea fija en la cabeza: favorecer de todas las maneras su divulgación. No se contenta con inducir al pueblo a convertirse masivamente a las ideas del budismo, sino que inicia una verdadera evangelización de los Estados vecinos. Gracias a él, el budismo adquiere el rango de religión universal.

Con dicha finalidad envía misioneros budistas a las actuales Sri Lanka, Tailandia, Camboya, Laos y Myanmar, que son los primeros lugares que se adhieren a la fe budista. Después le llega el turno a Afganistán y a otros países mediterráneos, como Siria, Egipto y una parte de Macedonia. Pero es sobre todo en Mongolia y en el Tíbet donde el budismo dejará una huella más fuerte en la población.

La pía voluntad del rey Asoka lleva al budismo indio a su apogeo hacia el siglo V d. de C. A continuación, sometido a los ataques cada vez más virulentos de los brahmanes —que hicieron oficial su contrarreforma en el siglo VIII—, el budismo fue perdiendo terreno progresivamente y, en el siglo IX, sólo se reconoce de manera oficial en aquellos lugares donde se había convertido en religión estatal, como en Bengala o en la provincia de Behar.

En esta última, la invasión musulmana de Ikhtiyar-ud-din Mohammed Bakhtyar en 1193 le da el golpe final, al arrasar los monasterios y masacrar a los monjes. Después de quince siglos de esplendor, el budismo casi ha desaparecido del subcontinente indio.

## EN ASIA MERIDIONAL

La mayor paradoja del budismo es que, al haber desaparecido de la India desde finales del siglo XII, prospera en la mayoría de los países a los que el rey Asoka había enviado a sus emisarios, como si se le hubiese desarraigado de sus orígenes indios con la finalidad de volver a iniciar una segunda vida mejor fuera de su tierra natal, aunque teniendo esta vez todo el mundo como campo de acción.

En Asia meridional, el Pequeño Vehículo floreció simultáneamente en varios países —Sri Lanka, Myanmar, Tailandia, Camboya y Laos—, los cuales se afirmaron como la punta de lanza de su expansión internacional.

## EN SRI LANKA

Sri Lanka se reveló enseguida como una tierra extraordinariamente receptiva al budismo. No es casual que el canon pâli fuese redactado por monjes cingaleses. El apego de este pueblo a las concepciones budistas no ha disminuido después de más de dos mil años, y los innumerables santuarios dedicados a las enseñanzas de Buda testimonian un fervor que ha permanecido intacto.

## EN MYANMAR

En el siglo XI, bajo el reinado del rey Anuruddha, el budismo se convirtió en la religión oficial de Birmania, el antiguo nombre de Myanmar.

También aquí se reconoce a Buda como el Maestro espiritual incontestado por multitud de generaciones.

Esto le ha valido a su capital, Rangún, el apelativo de la *ciudad de los mil budas*, por la enorme veneración que se tiene por él y las numerosas imágenes que pueden hallarse allí. Todavía en la actualidad cada laico tiene la obligación de realizar un rito en el monasterio antes de convertirse en mayor de edad.

## En Tailandia

Desde su fundación, en el siglo XII, Tailandia es devota de las ideas del budismo. Desde entonces se reconoce como religión oficial por las cortes reales y, a pesar de algunas supersticiosas deformaciones de la doctrina inicial, se beneficia de todas las ventajas para desarrollarse en las mejores condiciones posibles.

## En Camboya

En los primeros diez siglos de nuestra era, el Mahâyâna se sitúa al lado del brahmanismo en la tierra camboyana. Después, hacia el siglo XIV, probablemente bajo la influencia tailandesa, el Pequeño Vehículo destronará a sus dos rivales y se convertirá en la religión oficial.

## En el Tíbet y Mongolia

En este florecimiento de comunidades budistas fuera de la India, el Tíbet ocupa un lugar aparte por su peculiar forma de entender esta religión. Junto con Mongolia, es uno de los países en los que se ha desarrollado una de las formas más desviadas del budismo, el llamado Vehículo Tántrico, en el que la enseñanza de Buda ha encontrado, por otra parte, el máximo fervor de los nuevos adeptos. Hay que decir que todavía a mediados del siglo XX uno de cada cinco tibetanos se dedicaba a la vida monástica.

Mientras poco a poco desaparecía en la tierra de sus orígenes, el budismo encontraba un curioso refugio en los elevados altiplanos del Tíbet, a más de 5000 metros de altitud. Era inevitable que este insólito marco y esta población, cuando menos peculiar, lo enriquecieran con sus aportaciones.

Unos monjes indios, bajo la guía del gurú Padma Sambhava, introdujeron el Vehículo Tántrico en el Tíbet hacia el año 750 d. de C. «Teniendo sólo el corazón como arma, el *vajra* o *dorje* (el rayo), el bastón para el elefante de Indra y los ocho poderes mágicos (los ocho *siddhi*), convocó a todos los Invisibles hostiles a la Ley. Tocó el alma de algunos, rompió el poder de otros por medio del dorje, aterrorizó a los irreductibles. Al reclutar la cohorte divina y la legión demoniaca en los Defensores de la Religión, los "Preciosísimos" *(Guru rin-po-che)*, fundó una orden y construyó el primer monasterio tibetano en las orillas del Bramaputra. Cuando, cincuenta años después, partió hacia su país de origen, dejó un sólido grupo de discípulos a los cuales había enseñado la doctrina, así como la magia para defenderla».

Sobre la cepa del Mahâyâna se injertaron extraños rituales, conocidos sólo por los iniciados que se dedicaban a las fórmulas secretas. Había vuelto el ascetismo, combinado con interminables recitaciones y con la magia de la antigua fe *bon*.

Desde hacía mucho tiempo la cultura tibetana estaba ya fuertemente impregnada por una tenaz creencia en los espíritus. Los tibetanos eran en su mayoría analfabetos, a veces salvajes y caníbales, y se encontraban sujetos constantemente a los rigores de un clima y de una geografía que favorecían más la violencia que la paz y la serenidad. Tanto los demonios como los dioses se unieron a Buda, así como todas las prácticas tendentes a dominar la fuerza de la naturaleza. Con el paso del tiempo —durante más de tres siglos—, el budismo originario fue perdiendo poco a poco su fuerza y su impacto, y dejó paso a diferentes formas desviadas, desde las relaciones entre mujeres y monjes hasta las ceremonias de brujería.

Se deberá esperar hasta 1301 y la llegada del monje bengalí Atisa, quien fundó una orden basada en el respeto de la doctrina del Mahâyâna, para que una sana reforma llevase al budismo tibetano por el camino recto. Sin embargo, volvieron las sectas y facciones, que fueron pacificadas definitivamente en el siglo XVI con la intervención del monje chino Tsong K'a Pa, quien las declaró heréticas y constituyó una jerarquía temporal.[62] En la cabeza de la orden estaban en aquel momento dos «luces»: el dalái lama («el lama similar al océano»), encarnación del célebre Bodhisattva Avalôkitêsvara, residente en el convento de Lhasa, que ejercía el poder temporal, y el *Pan Ch'en Erdeni rin-po-che*[63] («el lama gran joya»), encarnación del venerado Buda Amitâbha, residente en el monasterio de Tashilhunpo, del que irradiaba el poder espiritual.

El lamaísmo se convirtió enseguida en la forma tibetana del budismo y, a su vez, se extendió fuera de los confines que lo habían visto nacer. Aprovechando las invasiones mongolas de China y del Tíbet, y sobre todo la notoria propensión del Gengis Khan y de su sobrino Kublai por aquellas ideas, este budismo se propagó en Mongolia hacia el siglo XIII.

---

62. Esta jerarquía incluye desde el nivel más bajo hasta el más alto: los novicios (*trampa*), los instruidos o exaltados (*lama*; por extensión, todos los monjes tibetanos recibirán este nombre), los abates superiores (llamados *kutuktu*, son presuntas encarnaciones de los bodhisattva y de los dioses) y los obispos. Esta se basa en una enseñanza regular y en exámenes, condiciones de admisión o de expulsión.
63. Gracias a su apoyo, la China comunista ocupó el Tíbet en 1950.

## En China

Respecto a la presencia del budismo en China, este país afirma una vez más su fuerte identidad con un acercamiento diferente de los que hemos recordado. En efecto, aquí más que en cualquier otro lugar es donde se ha podido verificar que el budismo es en primer lugar una disciplina y después una religión, y que su inserción en una comunidad no significa el rechazo de las costumbres y prácticas anteriores.

Si bien las fuentes históricas son poco precisas, parece que penetró en China en el siglo I a. de C. bajo el imperio de los Han. Un emisario del emperador Ming-ti se dirigió a la corte del imperio indoescita de Kanishka; llevaba con él cuarenta y dos volúmenes de sutras del Mahâyâna. No podemos decir que por este motivo acabasen los antiguos ritos y creencias chinas, pero es indudable que dicha aportación enriqueció muchísimo las bases religiosas de la antigua China.

Hasta aquel momento la religión estaba formada por dos polos principales: por una parte, las creencias animistas del pueblo, que encontraban sus respuestas en el taoísmo, y por otra, la aproximación confuciana que satisfacía a la elite intelectual. Con el nacimiento del budismo se formó un tercer polo en la vida de los chinos, sin que por ello surgiera ningún tipo de enfrentamientos entre los diferentes seguidores.

En el particular contexto de esta civilización infinitamente rica, tan reacia a aceptar todo aquello que provenga del exterior, no se podrá hablar de una penetración total del budismo ni de una adhesión general, sino más bien de una aceptación progresiva, prudente y escéptica, por parte de los chinos: en ningún momento el budismo vence la resistencia, hace desaparecer el pasado y se impone, sino que es más bien China la que lo acoge, cuando y como quiere, adaptándolo a su propio espíritu. De esta manera, el budismo se asienta lentamente, aunque de forma duradera, en la mentalidad china, lo que ha inducido a algunos a afirmar que en el país existen tres religiones —lo que revela una elevada apertura espiritual— y que estas pertenecen a la misma familia.

Además, se debe tener en cuenta que en China, en aquella época, existían no menos de treinta dialectos diferentes, utilizados por una sociedad en la que muy pocos sabían leer. Por lo tanto, resulta fácil imaginar los problemas que plantea una lengua extranjera que va a añadirse a la complejidad local para tratar de difundir su mensaje. Esto explica en parte por qué el asentamiento del budismo en China ha requerido largo tiempo, y se ha frenado periódicamente por prohibiciones o restricciones según los dirigentes del momento. De hecho, se acepta sin problemas el concepto de la reencarnación, pero los chinos son más remisos a la hora de concebir la vida monástica, uno de los preceptos más importantes del budismo. El pueblo chino está muy apegado a los valores familiares y al papel social del individuo; el estado de monje y el vivir en un convento suponen alejarse de la vida activa, cosa que en China se considera una deserción social del poder civil.

Sin embargo, con el paso de los siglos los portadores de la palabra de Buda seguirán afluyendo a China para cumplir de manera incansable con su obra de evangelización. El más célebre entre ellos es un monje indio del siglo VI, llegado de Deccan, Bodhidharma,[64] que crea la escuela mística del budismo chino, el *Ch'an*. Pero es Hiuen Tsang, literato y docto chino, gran organizador y predicador de talento, quien fundará la religión budista «a la manera china» con la creación en el año 610 de la escuela de *Wei-shi*.

Bajo la dinastía de los Tang[65] el budismo continúa su lenta penetración, a veces con espectaculares frenazos, como en el año 845, cuando la prohi-

---

64. Llegado a Cantón en el año 526, es considerado por los chinos el vigésimo octavo patriarca del budismo.
65. Años 618-907.

bición del monacato causa la deportación y la condena a trabajos forzados a más de doscientos mil budistas, así como la destrucción total de cuarenta mil santuarios y cincuenta mil monasterios.

También la dinastía Song[66] será favorable, pero con la llegada de los emperadores mongoles el budismo alcanzará su apogeo en este país, primero con Gengis Khan,[67] y después con su sobrino Kublai,[68] quien completará la conquista de China.

Con la salida de los mongoles del país y el advenimiento de la dinastía china Ming, el budismo quedará olvidado de nuevo, igual que todo aquello que suponga una fuerte connotación extranjera. Desde ese momento el confucionismo volverá a adquirir importancia, mientras que el budismo se practicará solamente de manera primaria y consagrado a las supersticiones de un pueblo por lo demás analfabeto.

## EN JAPÓN

Japón, país de naturaleza más asimiladora, se ha mostrado más permeable a las ideas budistas, a

---

66. Años 906-1276.
67. Años 1162-1227.
68. Años 1259-1294.

las que ha ofrecido un amplio terreno de expresión.

La verdadera penetración del budismo acontece en el año 522, gracias a un embajador del rey coreano Pakche, que llevó diversas imágenes y textos budistas.

El encuentro entre el pensamiento de Buda y el alma nipona fructifica desde el primer momento y se difunde por todo el país. Esto se debe en parte al hecho de que el sintoísmo, la religión más común en Japón, se encuentra todavía en un estado embrionario; prescribe el culto a las divinidades mediante ciertos rituales, pero sin basarse en una doctrina claramente establecida como la del confucionismo chino.

En realidad, Japón no se convierte al budismo de manera global, sino que lo adapta a la naturaleza y a las necesidades espirituales de su pueblo. Así, por ejemplo, los japoneses rechazarán claramente todo aquello que tiene que ver con la negación del ser humano y que podría conducir a la destrucción de la personalidad, un asunto inconcebible para ellos. En cambio, se adhieren a la precisión casi técnica de la meditación, al bienestar social, a las transformaciones de la enseñanza de Buda en cultos rituales, que en sí mismos no traicionan el espíritu del Despierto.

En resumen, el budismo nipón se caracteriza por una sorprendente capacidad de adaptación. Esto llevará a un cierto número de disidencias y de corrientes que exaltan una forma coherente de budismo. Efectivamente, en la actualidad, a principios del siglo XXI, se cuentan no menos de sesenta sectas diferentes, y casi setenta y dos mil templos o monasterios.

En el año 712, la doctrina china Wei-shi cruza el mar de la China y se asienta en Japón bajo el nombre de *Hossô*. En los siglos siguientes nacen otras corrientes: los *Tendai*,[69] el *Shigon*,[70] el *Jôdo-shû*,[71] el *Shin*[72] y el zen.[73] El budismo japonés fue adquiriendo fuerza y vigor a lo largo de los siglos, y se convirtió a su vez en misionero durante el siglo XX, momento en el que difundió con fervor

---

69. Tendai: predicado por el monje Dengyô.

70. Shigon: predicado hacia el año 816 por Kôbô Daishi.

71. Jôdo-shû, o *amidismo*, que había concebido el paraíso de las tierras puras donde reina Amitbaha, fue predicado a finales del siglo XII por el monje Hônen-Shonin.

72. Shin: fundado en 1250 por un monje de la secta Tendai llamado Shinran.

73. Zen: la doctrina dhyâna del Zen nació del Ch'an, del cual hemos hablado con anterioridad a propósito de China, donde el monje Bodhidharma la había predicado a principios del siglo VI. La secta zen fue fundada en 1190 por el monje Elsai en el monasterio de Shôjukuji, a su vuelta de China.

la enseñanza de Buda por todos los países del Extremo Oriente y las islas del Pacífico, así como por Europa y Estados Unidos.[74]

## EN OCCIDENTE

Era inevitable que una progresión de este tipo en el pensamiento espiritual y religioso del mundo asiático tuviese su impacto en Occidente. En el siglo III a. de C., hubo tímidos intentos de divulgar el pensamiento budista hacia el oeste. Volvemos a encontrarnos al rey Asoka y su fuerte voluntad evangelizadora, que avanza para llevar la palabra del Despierto hasta los reinos griegos de Siria, Egipto, Cirene y Macedonia. No goza de excesivo éxito, aunque existen ciertos signos que indican una naciente receptividad.

Más tarde, se pretenderá encontrar huellas del budismo en los escritos bíblicos —especialmente en los Evangelios de San Marcos y San Juan—, pero ningún elemento podrá confirmar esta hipótesis. De hecho, el nacimiento del cristianismo a partir de las raíces del Imperio romano cerrará

---

74. Principalmente, la forma zen.

durante cierto tiempo las puertas a cualquier ideología llegada de fuera.

Por una extraña broma de la historia, el budismo se toma la revancha quince siglos más tarde, cuando en 1498, como impulso de un profundo instinto, Europa descubre el camino de las Indias Orientales. Es el alba de una apertura a la cultura oriental, de la cual se toma el carácter positivista y la profundidad esotérica. A partir de ese momento, como cualquier otra religión llegada de Asia, el budismo plantea al hombre occidental interrogantes acerca de su posición y de su papel en el universo, e introduce poco a poco las nociones de un nuevo humanismo con vocación universal.

Sin embargo, es necesario esperar al siglo XIX —es decir, todavía cuatro siglos de análisis y lenta maduración— para que Occidente acepte verdaderamente la enseñanza de Buda y reconozca su alcance y su elevada espiritualidad.

Eruditos y pensadores de Europa y Estados Unidos son los primeros en dirigir su atención hacia esta aproximación religiosa que presenta múltiples atractivos. Para facilitar una amplia difusión más allá de los círculos minoritarios, en Gran Bretaña se traducen un gran número de textos escritos originalmente en sánscrito y en pâli. Se trata del primer paso hacia un verdadero acercamiento entre las dos culturas, que algunos juzgarán como ineludible, sugiriendo una complementariedad latente. No puede negarse que desde aquel momento el budismo influiría sobre la filosofía europea.

Como precisa de manera sintética y con gran justicia Maurice Percheron,[75] frente al budismo «la postura de Occidente se puede concretar de tres maneras: una postura individual, humanista, ilustrada en Francia por la escuela de Sylvain Lévi, cuyo budismo representa un importante factor de civilización; una posición de profundización retrospectiva y elevación que aporta riqueza espiritual [...], y una postura budizante [...] que equivale a una conversión».

Por su parte, el cristianismo se atrinchera en un rechazo absoluto —un poco elemental y superficial— de esta religión, a la que acusa de exaltar el no-ser y, por lo tanto, lo negativo, es decir, el mal. Sin embargo, llaman la atención ciertas semejanzas, que difícilmente pasarían desapercibidas a un observador atento, entre las investigaciones y las vivencias religiosas del creyente cristiano y del budista. Esta segunda aproximación, más difuminada, subraya de qué modo se confunden en realidad el cristianismo y el budismo, ya se trate de éxtasis o

---

75. *Op. cit.*

de misticismo al máximo nivel de espiritualidad: todo muestra que la finalidad que se busca es el «fin del viaje», el «corazón del mensaje» o la fusión con cierto Absoluto o Dios, aunque esto a lo mejor varía en la definición. En conclusión, el objetivo es común en ambas concepciones, si bien los medios y las aplicaciones prácticas recomendadas por cada una de las religiones son diferentes, sobre todo a causa de los rasgos característicos de las civilizaciones que las acogen.

Uno de los mejores ejemplos de la entrada del budismo en Occidente lo constituye la situación en la Francia de principios del siglo XXI, donde sobresale el proceso de apertura y renovación de la mentalidad hacia la espiritualidad.

Dentro de la historia del budismo francés destacan, por encima de todos, dos hechos claves. El primero fue la narración del viaje al Tíbet realizado en 1929 por Alexandra David-Neel, la primera occidental que entró en Lhasa. Su relato suscitó fascinación dentro de los ambientes intelectuales franceses por aquel universo teñido de misticismo y misterio.

Décadas más tarde, en los años sesenta, el gran divulgador de las religiones orientales, Arnaud Desjardins, otorgaba, mediante sus películas y sus escritos, un nuevo impulso al interés suscitado por el budismo.

¿De dónde provenía el interés occidental por las concepciones budistas? Sobre todo del hecho de que, contrariamente a las tres grandes religiones monoteístas, el budismo no propone un dios personal y creador; no preconiza creencia ni fe, sino una consciencia basada en la experiencia. El hombre no debe aprender ciegamente de una verdad ya confeccionada; le corresponde a él, gracias a su inteligencia, encontrar la altura para crearse las convicciones personales. En efecto, Buda decía a sus discípulos: «No es necesario creer en nada de aquello que os he enseñado si no lo habéis verificado con vuestras propias experiencias».

Otra ventaja del budismo, tal y como es posible vivirlo a principios del siglo XXI, reside en que, al estar centrado en el individuo, se adapta perfectamente a nuestro mundo moderno, sumido en una grave crisis de los valores esenciales.

He aquí el análisis del sociólogo Frédéric Lenoir:[76] «El budismo parece, por lo tanto, responder a la doble necesidad actual de reencantar el mundo, de reintroducir una dimensión cósmica y mística, una poesía, una sensibilidad, un simbo-

---

76. Frédéric Lenoir: sociólogo, escritor y experto en budismo en Occidente.

lismo, sin renunciar por otra parte a una visión y a una aproximación lógica, racional, pragmática, [...] Vivimos en una sociedad en la que el individuo se ha emancipado de las normas colectivas morales y religiosas, e insiste en la libertad del camino individual. [...] El budismo afirma que no existe una verdad absoluta, que cada uno puede encontrar su parte de verdad».

Desde hace aproximadamente dos décadas se están traduciendo cientos de libros fundamentales sobre el budismo, lo que contribuye a fomentar el conocimiento y la divulgación de esta disciplina religiosa en Francia.

No hay duda de que este interés seguirá aumentando en los próximos años y durará tanto tiempo como el budismo sepa responder a las preguntas fundamentales que se plantea el hombre moderno, mientras nuestra cultura occidental trata de afirmar su identidad propia en la materia y carece, demasiado a menudo, de esa luminosa coherencia que emerge de manera muy justa de la enseñanza de Buda.

## En España

La presencia del budismo en España no goza de una tradición tan larga como en otros países occidentales, lo que no quiere decir, sin embargo, que no exista. En el primer tercio del siglo XX se editaron por primera vez en España algunos clásicos hindúes como el *Râmayâna* y la *Bhagavad Gita*, aunque apenas gozaron de repercusión. Eran aquellos los años de la moda orientalista, aparecida al abrigo del *art nouveau* e interesada en los aspectos más superficiales de las culturas india, china y japonesa.

Los acontecimientos políticos posteriores a la guerra civil, el establecimiento de la dictadura franquista y el fortalecimiento del catolicismo no propiciaron desde luego un mayor conocimiento de otras religiones: no existían centros ni publicaciones dedicados a su estudio, y mucho menos a su difusión, por lo que todas las iniciativas, si es que las hubo, se hicieron a título individual y no destacaron por su rigurosidad. Se imponía el autodidactismo y los viajes al extranjero, principalmente a París, donde podían encontrarse algunas referencias en el Instituto de Lenguas Orientales.

Es a partir de los años sesenta cuando, a raíz de la aparición de la contracultura, comienza a hablarse un poco en España de las filosofías orientales. Algunos grupos minoritarios buscaron en las culturas de la India y de China respuestas a los problemas que planteaba la sociedad occidental y que parecían irresolubles. El tao, el I-Ching, la metafísica hindú, el yoga y el zen comienzan a verse como vías de desarrollo y perfeccionamiento personal.

La llegada de la democracia conlleva un cambio de importantes consecuencias: el Estado, a partir de ese momento, deja de ser confesional, y la Constitución establece la libertad de culto. Poco a poco comienzan a aparecer las primeras comunidades budistas, aunque sin objetivos demasiado claros y muchas veces sin comprender totalmente la importancia de sus creencias.

Son años de cierta confusión, en los que el budismo suele entenderse como una moda más. Sin embargo, su presencia se va afianzando progresivamente, gracias en parte a la gran labor de difusión llevada a cabo por el dalái lama.

A finales de los años ochenta se funda el primer centro, el Instituto Dharma de Ciutadella, en Menorca, al que seguirán otros en Barcelona, Madrid y Valencia; poco a poco, la red de centros budistas se irá ampliando por todo el país y alcanzará la amplia repercusión de la que goza en la actualidad, en la que su número supera ya el centenar.

A inicios de los años noventa, la Federación de Comunidades Budistas de España se erige como la representante oficial ante la Administración de la religión budista. Su labor ha sido muy importante a la hora de divulgar y extender la doctrina budista en España. Quizá el mayor éxito ha sido lograr en 2007 el reconocimiento del budismo como una religión de notorio arraigo en España, lo que implica poner en pie de igualdad esta religión con el resto de las confesiones existentes en el país. En la actualidad, el número de practicantes del budismo en España ronda los ochenta mil, una cifra que está en plena expansión: se calcula que desde mediados de los años ochenta el crecimiento medio anual es del 5-10 % y que cada día se ve alimentado por nuevos adeptos.

# Conclusión

A menudo se dice que el fin del viaje es como un libro que se cierra. En realidad se trata de lo contrario.

Este viaje en el tiempo por el interior de la antigua India, durante el cual he ejercido de guía, no es otra cosa que uno de esos paréntesis que a veces nos ayudan a volver a encontrar las energías, y no tanto porque estemos convencidos de las nuevas ideas como por las preguntas que hacen aparecer en nuestro inconsciente.

El regreso a los orígenes del budismo que hemos afrontado en estas páginas, consideradas una humilde y modesta introducción, es a su modo un fragmento de la historia de la humanidad y de la fantástica aventura vivida por el hombre en nuestro planeta.

Más que una visión de iluminado patológico o un intento de reclutamiento sectario, se trata de una apertura moral y espiritual, una investiga-

ción esencial, una incesante búsqueda de lo absoluto.

Si este es el momento para una vuelta a la riqueza de las fuerzas vivas del espíritu, al profundo
poder de la fe, a la serenidad que brota del espíritu, entonces probablemente nuestra civilización
ha llegado al final de lo que se podía concebir y
producir en la dimensión material, y ha utilizado
todas sus reservas de inventiva y de frialdad con-
certada.

Sería vano olvidar que una vez, hace mucho
tiempo, el hombre vivió en una animalidad de la
que nunca podrá renegar jamás del todo. De
esta lejana época conserva el instinto, aquello
que en todas las circunstancias le ha permitido
mantener el contacto con su ambiente y con las
fuerzas vivas que regulan la vida de nuestro planeta.

Hoy, a principios del siglo XXI, el budismo se
ofrece a los hombres de buena voluntad que bus-
can, reflexionan y se interrogan. Es una ventana
abierta a un vuelo espiritual que aporta todas las
esperanzas y liberaciones.

Sería un error creer que el budismo no tiene
nada que ver con nuestra civilización, con la ex-
cusa de que vio la luz en Oriente. Los viajes en el
tiempo, como el que acabamos de realizar, nos
enseñan que los problemas del hombre son uni-

versales, en sus miedos y en sus expectativas, en su deseo de profunda paz y en su búsqueda de la certeza.

Espero que este encuentro con la enseñanza de Buda pueda abrir un nuevo camino de comprensión. Y acaso volver a darnos a algunos de nosotros la esperanza de un mañana mejor.